九型人格与卓越销售力

吴 东◎著

中国财富出版社

图书在版编目（CIP）数据

九型人格与卓越销售力/吴东著．—北京：中国财富出版社，2013.2
（企业成长力书架）
ISBN 978－7－5047－4611－5

Ⅰ．①九…　Ⅱ．①吴…　Ⅲ．①销售-商业心理学　Ⅳ．①F713.55

中国版本图书馆CIP数据核字（2013）第015594号

策划编辑	范虹轶	**责任印制**	方朋远
责任编辑	丰　虹	**责任校对**	杨小静

出版发行	中国财富出版社（原中国物资出版社）		
社　　址	北京市丰台区南四环西路188号5区20楼　**邮政编码**　100070		
电　　话	010－52227568（发行部）	010－52227588转307（总编室）	
	010－68589540（读者服务部）	010－52227588转305（质检部）	
网　　址	http：//www.clph.cn		
经　　销	新华书店		
印　　刷	北京东海印刷有限公司		
书　　号	ISBN 978－7－5047－4611－5/F·1909		
开　　本	710mm×1000mm　1/16	**版　　次**	2013年2月第1版
印　　张	16.25	**印　　次**	2013年2月第1次印刷
字　　数	230千字	**定　　价**	32.00元

QIYE CHENGZHANGLI SHUJIA

企业成长力书架

编委会

自 序

近几年来，已经有很多人都认识了九型人格。相传在两千多年前九尖图（代表九种人格的图案）是苏菲教派用来帮助信众的不传秘籍，一直有着非常有效甚至神奇的效果，后来通过某些途径流传至民间。因为其精准度高，而且容易入门，能在较短时间内初步掌握，所以，现在这个学问已经风靡全世界。本书也延续了在生活尤其是在销售中运用的务实精神。所谓的务实就是说，只有我亲眼看到、亲耳听到的每个类型的人在生活中的实际表现是怎样的、内心独白是怎样的，我才会采纳这些经验。所以你在书里看到的一些关于销售的方法和故事，都是本人在实际教学中的经验以及学员间的真诚分享。在此，我也要感谢这几年来出现在我从事企业管理中运用到的九型人格销售工作坊中的所有员工和同事，他们确实为我提供了非常多的宝贵经验。

九型人格最大的优点是能准确地阐述一个人内心深处最大的渴望是什么、最大的恐惧是什么，毫不夸张地说就是能“直达人心”。然而在实际的教学过程中，我们发现最大的问题是怎样准确判断一个人的型号，而不是能否记住此类型人的特质。现在市面上很多的书本都是把注意力放在阐述每个类型的人有着怎样的特质上，而少有直接教人如何判断性格类型的读物。本着尝试补充此部分的理念，我在每个章节里面通过总结不同类型人的外在气质、眼神、说话的模式等特点，希望可以给读者们一种更直观的感受。

在每一章中都会有一个是关于九个不同类型的人进行销售和工作沟通的部分，如果你是一个在一线的销售人员，请多看几遍这部分以便记住。或者是把书随时放在你的抽屉里面，在面对客户前尝试归纳一下他的类型，然后参考他所在类型里面的沟通方法，无论你对九型人格的了解有多少，这都会对你有不同程度的启发和帮助，让你成为名副其实的销售高手。

作　者

2012 年 11 月

前 言

一语中的销售“读心术”

销售，是一门学问，而想要成为一个“金牌销售员”，那就要拥有更高深的学问。

假如将一位普通的销售人员比喻为一个小学教师的话，那么“金牌销售员”就是一位受人尊敬的博士生导师了。一位小学老师想要成为一位博导，他要走的道路会很漫长、很艰辛。可是作为一个销售人员，想要成为“金牌销售员”，并不是一件特别困难的事情，关键在于你怎么运用学到的知识并发挥出它们最大的作用、怎样对待你的客户、怎样抓住客户的心理、怎么成功售出你的商品。

林子大了什么鸟都有，世界大了各种人也都有。该如何抓住顾客的心，让他们购买你的产品呢？我们先从“九型人格”谈起。九型人格的历史可以追溯到公元前2500年，经过四千五百多年的演变与完善，“九型人格”理论已经在现今的世界中广泛流传，尤其在工商管理、产品营销以及精神学分析中应用最广，帮助人们解决了很多问题。“九型人格”理论利用人们婴儿时期的特质，将人们的类型总结为三大分区、九种类型，每种类型的人都有其独特的地方，或果决，或犹疑，或强势，或温和，不一而足。正是这些不同类型的人组成了我们这个丰富多彩的世界。

在此书中，我沿袭“九型人格”的理论，将销售人员遇到的顾客也分为九种不同的类型，通过探讨每种类型的客户各自的优势和弱势，分析他们在购买商品与谈判中的“心理弱点”，最终教会我们销售人员如何牢牢抓住客户的心理弱点、掌握他们的思维方式、学会与他们的对话技巧，以此提高我们的销售技能，卖出更多的产品。

“九型人格”理论在销售中的应用看似简单，实则其中隐藏着很多秘密，如果学习不当，不仅无法卖出商品，还会得罪客户，造成更大的损失。这本书讲解的例子很实用，道理也深入浅出，浅显易懂，相信大家通过对本书的学习，一定能够快速掌握销售的诀窍，了解到什么才是“九型人格”理论在销售中的实际应用，并能够借助此书，帮助你少走弯路，迅速成长为一个“金牌销售员”！

作　者

2012 年 12 月

目 录

第一章 开启神秘九角星，解开销售读心密码 …… 1

三招简易测试：你是金牌销售的不二人选吗 …… 3
谈判读心基础：九型人格的三大分区 …… 5
神秘九角星：揭开不同客户的性格密码 …… 8
九型人格与商务谈判有何渊源 …… 12
案例分享 为什么松下谈判失利 …… 15

第二章 1号完美型客户：他看到的世界总是不完美 …… 17

如何辨识完美型客户 …… 19
与完美型客户的沟通方式 …… 24
与完美型客户的沟通忌讳 …… 29
谈判宝鉴 …… 34
案例分享 是什么让导购员的谈判出现了根本性转机 …… 39
经典话术 “解决”完美型客户话术示例 …… 41

第三章 2号助人型客户：助人者天自助，他总能带来温暖 …… 43

如何辨识助人型客户 …… 45

与助人型客户的沟通方式 …… 50
与助人型客户的沟通忌讳 …… 54
谈判宝鉴 …… 58
案例分享　雷蒙·A. 施莱辛斯基在谈判桌上如何让客户成全了自己 …… 63
经典话术　“解决”助人型客户话术示例 …… 65

第四章　3 号成就型客户：说什么也不想输的人 …… 67

如何辨识成就型客户 …… 69
与成就型客户的沟通方式 …… 73
与成就型客户的沟通忌讳 …… 78
谈判宝鉴 …… 82
案例分享　为何 Juliet 能讨客户欢心赢得谈判 …… 87
经典话术　“解决”成就型客户话术示例 …… 89

第五章　4 号自我型客户：买与不买全看心情 …… 91

如何辨识自我型客户 …… 93
与自我型客户的沟通方式 …… 97
与自我型客户的沟通忌讳 …… 101
谈判宝鉴 …… 105
案例分享　乔·吉拉德怎么让客户保持良好成交心态 …… 109
经典话术　“解决”自我型客户话术示例 …… 111

第六章　5 号理智型客户：我是“专家”听我的 …… 113

如何辨识理智型客户 …… 115
与理智型客户的沟通方式 …… 120

与理智型客户的沟通忌讳 …………………………………………………… 125
谈判宝鉴 …………………………………………………………………… 129
案例分享　是什么让原一平在谈判中战胜了理智的对手 ……………… 134
经典话术　“解决”理智型客户话术示例 ……………………………… 136

第七章　6 号疑惑型客户：总是感觉谈判桌上十面埋伏 ……………… 137

如何辨识疑惑型客户 ……………………………………………………… 139
与疑惑型客户的沟通方式 ………………………………………………… 145
与疑惑型客户的沟通忌讳 ………………………………………………… 150
谈判宝鉴 …………………………………………………………………… 154
案例分享　汤姆·霍普金斯如何巧妙解决了谈判中的疑惑 ………… 159
经典话术　“解决”疑惑型客户话术示例 ……………………………… 161

第八章　7 号活跃型客户：喜欢销售的美丽新世界 …………………… 163

如何辨识活跃型客户 ……………………………………………………… 165
与活跃型客户的沟通方式 ………………………………………………… 169
与活跃型客户的沟通忌讳 ………………………………………………… 174
谈判宝鉴 …………………………………………………………………… 178
案例分享　销售冠军如何在谈判过程中打动活跃的客户 …………… 183
经典话术　“解决”活跃型客户话术示例 ……………………………… 185

第九章　8 号领袖型客户：做销售就是为锄强扶弱的 ………………… 187

如何辨识领袖型客户 ……………………………………………………… 189
与领袖型客户的沟通方式 ………………………………………………… 195
与领袖型客户的沟通忌讳 ………………………………………………… 200
谈判宝鉴 …………………………………………………………………… 204

案例分享　是什么让日本代表在谈判中战胜了权威 …………………… 209
经典话术　“解决”领袖型客户话术示例 ……………………………… 211

第十章　9号和平型客户：成交自在天意，问题总会解决 ………… 213

如何辨识和平型客户 ……………………………………………………… 215
与和平型客户的沟通方式 ………………………………………………… 219
与和平型客户的沟通忌讳 ………………………………………………… 223
谈判宝鉴 …………………………………………………………………… 227
案例分享　戴尔·卡耐基是如何在谈判最后反败为胜的 …………… 232
经典话术　“解决”和平型客户话术示例 ……………………………… 234

附录　九型人格理论与销售工作相关图谱 ……………………………… 235

第一章

开启神秘九角星，解开销售读心密码

三招简易测试：你是金牌销售的不二人选吗

犹豫不决的销售新人 Mike

一天，我同学的弟弟 Mike 突然来到我的办公室，他诚恳地说道："老师，我听说您是非常有经验的培训师。我很想向您做个咨询，请问我能够做好销售吗?"

原来，Mike 离开了他原本的技术岗位，成为公司的一位销售人员。一方面，他对这个岗位充满了期待，而另一方面，他对自己是否能够适应这样的工作又有着强烈的担心。

我告诉 Mike，在分析他是否能做好销售之前，他应该先了解自己的特点。

"我很了解自己啊。" Mike 感到疑虑地说道："我的简历我自己都快能背下来了。2003 年××大学金融专业本科毕业，2005 年进入世界五百强的××公司从事技术工作，2007 年开发的项目获公司奖励，2009 年选择进入销售领域……"

看来，Mike 的确是个销售新人。我告诉他，对自己的了解绝不能仅限于纸面上的简历，你的学历和工作履历也许是你的骄傲，但这并不能帮助你了解自己是否可以做好销售。可以帮助你了解自己和客户的，其实来自于人类的一套古老而神奇的人格分析理论——九型人格理论。而接触这套理论，要先从三招简易测试开始。

我给 Mike 做的三招测试其实并不难，简简单单的三句话将能够帮助他迅速了解自己的人格类型，并以此为出发点，从研究和分析自身开始，学会研究和分析客户。

测试的第一个问题是问自己："我是否最信任自己的冲动?"

第二个问题是："我是否最相信自己的大脑?"

第三个问题是："我是否更相信自己的感受?"

在这些问题中，Mike 选择了相信自己的大脑。很显然，他是一名惯于信任自己思考智慧的销售者，这种销售者能够很好地研究和拓展产品的性能，并理性面对客户需求，进行仔细的分析和推荐，成为一名技术顾问型的金牌销售，是 Mike 最容易实现的目标。

Mike 带着这样的结果高兴地走了。半年后，我从同学那里听说，他的销售之路起初有点困难，不久之后走得越来越顺利，成为了好几家知名客户最信任的销售代表。听说，公司正在打算提升他担任地区销售经理。看来，了解了自己的特点的 Mike，很快将成为一名真正的金牌销售。

这样认识你自己

怎样像 Mike 那样分析好自己的人格类型？其实，在分析之前，我们都要相信这样的事实：不同的人格有着不同的优点和缺点，没有哪一种人格是绝对完美的，同样，也没有哪一种人格是绝对失败的。只要是正常的人格，都能够开发出其长处，并应用到销售业务的提升中去。

为了更好地认识和帮助自己成为金牌销售，你应该这样去提升自身的人格魅力。

首先，改换不一样的角度来看待自己和客户。我们每个人都对世界和自我有着不同的执念，比如，有的人常常莫名其妙地自卑，而有的人则会经常性地自傲，更多的人则往往陷在对事物的偏见中无法自拔，这些固定的角度往往阻碍了你成为金牌销售员的路径。因此，想成为金牌销售的你，除了做 Mike 那样的自测之外，更重要的是通过本书的学习，能够改换不同的角度来看待自己，进而上升到用不同的角度看待客户。当你真正学会运用九型人格的理论后，对自己和客户将有更新的认识。

其次，用人生升华的角度来看待销售工作。学会九型人格，并不仅仅是为了了解一种理论，而是在掌握这种理论工具的基础上，更好地学会在社会工作中提升自己。销售工作是一种社会角色，而从事销售工作则是现代人提升自我的重要途径之一。通过学会做人，最终能够学会最好地销售，而在这个过程中，学好九型人格的意义不可忽视。

最后，学会更系统化和理论化地解决疑问。想成为金牌销售员，一路走来必定会遇见很多问题，解决这些问题仅仅依靠运气或者经验恐怕都不能保证成功。销售者必须能够以系统化和理论化的方法，采取正确的思维模式，从良好的渠道来吸收前人的知识精华，从而学会熟练地解决工作疑问。而九型人格的学习，无疑提供了这些必备条件。

实现卓越销售力，成为金牌销售的不二人选，并非天生注定，从九型人格理论的学习和应用开始，销售之路的崭新大门将渐渐为你打开。

谈判读心基础：九型人格的三大分区

三大分区的奥秘

为什么人类会成为现阶段地球的主宰？为什么人类会形成这样多姿多彩的个人人格世界？其实，这些问题的答案都同九型人格的分区有着密不可分的关系。

让我们暂时放下手中的任务，把目光投射到人类从浩瀚历史时空中走来的路径。我们都知道，人类虽然贵为地球之主，但实际上同周围的大自然、乃至无数动物并没有根本的区别，归根结底，人类依然是动物，只不过是经过长期的进化发展，求得了高等智慧的动物。这种动物的本性，或多或少会体现在我们每个人的身上。

“望梅止渴”的故事无人不知，当听到曹操说出的“前面有梅林”的谎言时，几乎所有人都口舌生津，减少了口渴的痛苦。无疑，这种条件反射并非来自人类的情感或智慧，只能由人的动物本能所主宰。唯一的差别是，曹操的谎言对于某些人来说影响较小，而对于另一些人影响较大。

千万年的发展下来，我们身上的动物本能并没有多少改变。看见梅子，我们同样会分泌唾液；空腹工作，我们依旧会饥肠辘辘；遇见危险，我们一样会呼吸急促……大自然所赋予的本能智慧，帮助我们在世界中获得生存和发展的机会，帮助人类在历史上走得更远。

但更重要的是，除了本能智慧之外，人类也有着能够用以克服动物本性，取得更高成就的武器。否则，人类也无从超越那些平凡的动物，成为整个世界目前的主宰了。

这种武器，来源于原始人向野兽所扔出的第一个石块，来源于人类第一次把轮子装上小车，来源于人类射出的第一根箭镞，也来源于蒸汽机的发明、电的使用……我们将这种武器称为思考智慧。

从人类获得思考智慧的第一刻开始，世界开始按照人类的意图进行着改变。从一个人学会了思考智慧开始，他将离开襁褓，走进校园，获取知识，并最终踏入社会，为自身、家庭和社会奉献出价值。因此，运用思考智慧是社会前进的阶梯，也是每个人走向成功必经的阶段。而区别仅仅在于，有的人更依赖于思考智慧，有的人则运用得相对较少。

那么，人类是否还具备第三种智慧呢？答案是肯定的，那就是情感智慧。

世界上绝无没有情感的个人，情感是人和人之间维系关系的纽带，也是个体生活在社会中获取存在感和前进方向的动力。同时，情感智慧还能带来更多的工作灵感，带来更多的毅力和信心……

相信许多人都对下面的情感体验记忆犹新：父母给自己过生日的快乐，高考成功后的欣喜，初恋时的甜蜜，工作收入提高的愉悦，踏入婚姻殿堂的忙碌充实和幸福，养育孩子的辛苦和满足……当然，别忘了我们还有另外的情感体验：被批评后的无奈，失败后的失落，被误解的委屈，受排挤后的气愤……这些情感体验无时无刻不围绕在我们的周围，最终，我们中的不少人学会了驾驭情感，并利用这种驾驭力，建立自己的智慧模型。

毫无疑问，本能智慧、思考智慧和情感智慧，成为了人类所共同具备的三大智慧。仰仗这三大智慧，我们将能够为九型人格进行基础的分类：本能智慧型人格、思考智慧型人格和情感智慧型人格。无论在怎样的人群里，总能发现分属于不同区间的人格，如果掌握了像我这样一眼就能够为对方“分区”的能力，那么，接下来的谈判工作也将水到渠成。

无论科技发展到怎样高超的程度，无论时代向前迈进到如何发达的社会，在可预见的未来，商务谈判的对手只能是活生生的人。想取得销售谈判中持续和可复制的胜利，那么，除了对自己的了解之外，销售者更需要去了解自己的对手。

作为一名销售人员，你的对手看起来似乎很复杂：他们有的是端坐在高级皮椅上的公司老总，也有的是冷若冰霜的基层小人物，还有的甚至是你从来没想过要接触的人物……然而，在这看似复杂的客户组成背后，真相其实并不可怕，心理学家们早就将他们分成了三大区间，而你所要做的，是和我共同去探寻其中的奥秘。

这样辨识三大区间

怎样学会一眼分析出三大区间的人格，其实这并不困难。

本能智慧区间：这个区间里的人格力量集中在腹部，他们往往最相信丹田是人力量的源泉，当然他们可能自己并没有察觉。从表现上来看，这个区间的人比较相信自己第一时刻能想到的东西，也就意味着直觉往往会左右他们的思考方向。比如，身体上的感受，对环境的感受以及各种各样的欲望。

思考智慧区间：这种人相信自己的力量集中在大脑，他们喜欢把所有的事情都放到自己所相信的逻辑体系中去理顺，从这一点来看，他们比较理智。而实际上，这个区间的人喜欢思考，无论是分析未来，还是分析当下，都是他们注意力集中的方向。当然，思考智慧区间的人并非没有本能和情感，只是当他们认真想问题的时候，本能和情感都会被他们忽视甚至舍弃，对于这个区间的人来说，如果没有能说服他们的逻辑，那么靠本能和情感恐怕都无从让他们对事物加以接受。

情感智慧区间：浪漫主义者、理想主义者往往都出现在这个区间，他们相信心是力量的源泉，而内心的感觉怎么样，将影响到他们对很多事物的看法，也会决定他们下一步做出怎样的选择。一般来说，这个区间的人关注的是自己怎样看别人，以及别人怎样看自己，他们如果喜欢上什么人或者什么事物，那一定是因为同他们内心存在密切的沟通和交流，而并不一定是带来实际的满足和价值。

神秘九角星：揭开不同客户的性格密码

神秘九角星

也许你曾听说过九型人格理论，即使没有，相信你也见过九尖图的神秘图形。相传，在这个看似普通的图形中，我们能见到自上古的苏菲教派流传下来的九颗星形图案，而它们则分别代表了分属三大类型的九种人格。

近年来，我花费在研究九种人格的划分上的时间，远远超过了其他工作和娱乐的时间，虽然这种划分人格体系入门简单，但想登堂入室，真正了解其中的奥秘，就并非那么容易了。尤其是将销售实际中客户作为研究对象来分析，就更是前所未有的项目。所幸的是，因为自身从事销售培训工作的关系，我能接触到不少销售工作者，了解他们的客户，并最终建立了下面这样的人格模型。

第一号客户：完美者

完美者面临的压力主要来自于他们本能地对完美的追求。在对待商品和服务的态度上也同样如此，他们非常喜欢毫无问题和弊病的东西，也喜欢非常让人满意的高性价比。然而，在市场上不可能总是有这样的产品，因此，完美主义的客户往往会表现出对产品的挑剔，甚至能流露出因为不完美而引起的愤怒。

第二号客户：助人者

这种类型的人属于坚信“施比受有福”的“好人”。通常，他们相当在乎周围人对他们的看法，也珍惜和周围人之间的感情。他们乐意为了更好融入周围圈子来付出自己的资源和努力。在他们这种习惯的表现之下，往往周围人都会以他们为中心，并分享他们良好的影响力。

第三号客户：成就者

这种类型的人格者，同上面一种属于天平的两端，但却恰恰又是同一类型的人。他也在乎情感，但他更在乎用自己的努力来博取别人的好感。比如，我曾经认识一位销售经理，他努力到近乎拼命地工作，收入不断增加的同时，却很少考虑休假。深交之后，我渐渐发现，他工作的动力其实很简单——仅是因为自己在乡下的兄长当年考上了大学，受到周围人的尊敬，而自己名落孙山，明显受到了冷遇。看来，在实干者人格的世界中，努力是为了自己情感上的充实。

第四号客户：自我者

看爱情电影流泪的，往往出自于这一类人。即使表面上他们相当淡定甚至冷漠，而实际上他们内心更渴望同他人之间进行心灵层面更深的沟通。对于他们来说，如果没有心灵之间的交流，将很难认可销售者所提供的产品或服务，因为这些事物无法激起他们内心的感触，仅凭刻板的数字或者说明，只能让他们对销售者敬而远之。

第五号客户：理智者

理智者是比较挑剔的客户，如果你曾经在超市发现有人不断徘徊于同一列货架，拿起每一种商品比较它们的产品说明，那么很可能这位仁兄就是属于思考智慧区间的理智者人格。对于理智者来说，他们如果没有对销售者的产品和服务有充分思考和认识，是绝对不会同意出手购买的。

第六号客户：疑惑者

疑惑者比较保守，同时也愿意相信自己不理智的选择会带来更多危机。因此，他们喜欢系统地分析和预测状况的发展，对产品和服务也同样如此。他们的思考主要集中在“我能避免产品的哪些损失”，而不是“我能获得产品的哪些受益”上。我的一位学员在销售工作中曾经碰到过这样的客户，当时还不了解九型人格的他对这种客户的挑剔无所适从，其实，这只是他没有找到对付“疑惑者”的办法而已。

第七号客户：活跃者

同五号和六号客户一样，第七种人也属于思考智慧者。但他们的思考主要是为了避免陷入到无聊和烦恼中，所以同他人相比，他们更喜欢计划未来的收益。比如，购买一辆新车对于他们来说，感受到的并不是花费金钱或者承担责任，而是意味着周末可以驾车出游，抑或更方便快捷的上班，他们甚至会在购买之前就计划好路线，添置车内的小摆设，却对价格很少问津。

第八号客户：领袖者

有的客户似乎天生有某种霸气，这是销售者们经常感受到的不争事实。如果用九型人格来分析他们的性格密码，一切都顺理成章：这种人格的性格特点就是发自本能地喜欢更多的权威和力量，比如，对优良产品的占有欲，对提高自身名望的渴望等，如果你的销售行为能带来这方面的收益，他们将感到相当满足。

第九号客户：和平者

这种客户也属于本能型智慧区间的客户，他们天生是和平主义者，喜欢同他人和谐相处，在平等的交流与正常的关系中，他们能获得平和的心态与体验。然而，和平者面对不和谐的环境，或者较为明显的矛盾时，往往会产生情感上的波动，甚至也会相当愤怒并爆发。在销售过程中，面对这样的客户，不妨从销售带给他们的心理体验开始，营造正确的氛围。

一句话看透客户性格

九种不同性格的客户，往往在销售中都能经常遇见，我经常教授学员们用一句话看透客户性格。

本能智慧区间——

完美型：这个产品没什么问题，我才会购买。

领袖型：产品是不是可以让我更好地掌控局面将影响我的购买。

和平型：如果大家都买，我就购买。

情感智慧区间——

助人型：产品不会妨害我和大家之间的联系，我才会购买。

成就型：产品如果能明确提高我的努力价值，我才会购买。

自我型：产品如果能与众不同，我才会决定购买。

思考智慧区间——

理智型：让我先分析下产品再说。

疑惑型：产品有危险吗？没有我可以考虑购买。

活跃型：产品带来多少种可能或者乐趣？

虽然客户们不会说出一模一样的话语，然而，把握住他们谈话中的关键语句，我们将借此分析出他们隐藏的性格密码，并更好地开展销售谈判。

九型人格与商务谈判有何渊源

失败的商务谈判

软件销售员 Smith 这天上午的计划是这样的，先去天盛公司，同对方的副总洽谈新软件的合作问题。然后去大华集团，同客户代表——公司办公室的薛主任谈软件的升级维护事项。

Smith 先来到天盛公司，副总一丝不苟地看着软件的说明书，逐字逐句地用笔指点着阅读，然后放下笔，向 Smith 提出了不少问题，这些问题主要围绕着该软件的综合性能提出。Smith没想到副总如此了解，对话中用来思考性能优点的时间越来越多。十分钟后，副总靠在了椅子背上："Smith，我们的确合作过，不过，你知道，我对公司使用的产品务求完美。所以这次，很遗憾了……"

初战告负，Smith来到大华集团，薛经理非常热情，连连询问路上是否堵车，天气是否炎热，又端来了一杯冷饮，让Smith相当感动。两人谈到正事时，薛主任貌似无意地说了一句："虽然我们办公室对这个软件升级比较看好，但是人力资源部提出，还不需要升级。因为升级必定需要重新整理数据，而他们现在人手不够。"Smith想都没想便说道："主任，这个升级项目还不是您向老总汇报，他说了算……"听见这话，薛经理眉头皱了起来，半晌才说："那我们再研究研究吧……"

Smith兴冲冲地连跑两家客户，却并没有得到一个准确的签约和回复，这并不一定归结于他能力的欠缺或者是产品质量的低劣。其真正原因在于，Smith根本没有把客户当成九型人格中的一位来对待。

为什么销售者一定要学会九型人格的分析角度？为什么全世界从斯坦福大学、哈佛大学这样高深的学府，到微软、惠普、可口可乐、诺基亚这样知名的企业，都在培训他们的学生和员工去接触九型人格的课程？事实上，九型人格代表着这样不争的事实——我们必须承认，世界上没有真正理性客观的人，每个人都在戴着有色眼镜看世界，而这有色眼镜便是他们的人格。

同样，当客户开始投身于商务谈判这样的工作中时，无论他是购买最小的产品业务，抑或要求能够决定事业走向的重要商品，都会从内而外、由灵魂深处激发自我的人格，成为推动他们选择的原动力，并演绎成为他们在谈判中的任何细节表现或要求。了解客户的人格，就能准确地预测他们下一个问题、下一个关注度，而无视客户之间的不同，只懂得盲目地从自我事先准备好的角度出发，单调地介绍产品、推荐业务，将很可能陷入Smith所遇见的危机之中。

利用好九型人格进行商务谈判

怎样将我们即将学习的客户九型人格理论放进现实的商务谈判活动中？在开始学习之前，我必须强调下面的原则。这些原则都是我的优秀学员所一直遵循的，他们正是在这些原则的指导下，有效地将九型人格知识融入到自身的销售实践中，并取得了一个又一个辉煌的事业成功。

首先，要熟悉九型人格所有的特点。在接下来的学习中，我将按照不同类型，向大家介绍九型人格不同的经典表现，并从中总结出他们的特点。对于这些特点，销售者必须牢牢记住，做到熟悉其中的每一种经典表现。须知，九型人格本身就是对万千变化的人格一种高度的概括和提炼，而熟悉九型人格的特点，将是对这种概括和提炼的总结。提纲挈领，相信在商务谈判之前你就能找到方向。

其次，在正式商务谈判之前，要尝试运用九型人格理论去分析身边的亲朋好友。分析他人是一种能力，而众所周知的是，任何能力都需要经常锻炼。当然，在锻炼中，要注意以下的禁忌：不要先入为主地认定他人的“人格标签”；不要把任何人当做九型人格中的某一种代表，因为他们只是他们自己，并不能完全代表类型；不要教条地用类型观看待任何人，包括你自己；不要把九型人格当成无聊时的小游戏。

最后，你还应该更勇敢一点，当时机差不多成熟时，果断地带上你的九型人格武器，去轻松自如地见你的客户吧。学会让自己变得更有自信，任何客户的伪装在你的面前都将失效，因为陪伴你的将是全世界商务谈判中所通用的九型人格理论，而运用这一理论，你将最终成为谈判桌上的高手，生意场中的赢家。

为什么松下谈判失利

松下电器公司的创始人松下幸之助，是日本商界的传奇神话。然而，在他刚刚出道时，却在一次谈判中“完败”，使得自己的销售业绩蒙受重大损失。

当时，松下幸之助第一次来到东京，他找到了批发商山田先生，想要把产品推荐给他。

山田戴着讲究的金丝眼镜，眨眼的频率很快，他先是盯着产品仔细看了看，然后眼珠转了两下，转过视线看着松下幸之助说：“松下君，我们是第一次打交道吧？以前，我好像都没见过你。”

初出茅庐的松下幸之助哪知道这位山田君的厉害，他直截了当地说道：“是的，我是第一次到东京来。请多关照。”

山田听到答案，马上笑嘻嘻地说：“那么，你想用什么价格卖你的货呢?”

松下幸之助还是很老实地说道：“我的货成本是20元，我打算卖25元。”

山田对松下的情况了如指掌，知道他第一次到东京来，对市场行情不熟悉，又想急于打开销量。于是，他开始压价：“松下君，你第一次来做生意，刚开张，价格应该便宜点，就每件20元吧。”说完，他便靠到了椅背上，手上拿着笔在纸上写写画画，计算着什么。

松下幸之助完全没有商讨的余地，结果最后只好用这种吃亏的价格完成了这次交易。

案例分析

松下幸之助为什么会在谈判中失利？要知道他对工作的热情以及产品的质量都是毫无疑问的，否则也不会有将来庞大的松下帝国了。松下失利的唯一原因就是——他根本没有去分析谈判对手。

谈判一开始，客户和销售者就处在很微妙的关系中。一方面，两方都期待能够形成合作关系，各取所需；而另一方面，两方又处于对抗的角色，总希望能够在博弈中为己方获取更多利益。因此，哪怕是一句寒暄、一个动作或一个眼神，往往都代表了客户内心的想法，以及对销售者的试探，从最初的接触开始，销售者就应该尝试去分析作为对手的客户，试探着看出他的人格类型，并预测他的想法和行为。

在案例中，松下完全没有弄清楚对方和他寒暄的内在意义，更没有对价格有丝毫的保留，这种单纯到近乎愚蠢的态度，直接葬送了自己的利益。

所幸，经过这次失败，松下开始了解商务谈判并加强了自身的学习和提高，后来，松下成为了日本历史上的经营和销售之神，而九型人格理论也被引入了松下集团的员工培训课程。

案例总结

这个案例给我们的启发是显而易见的：商务谈判是销售事业的起点，也是不同利益的博弈，并非简单的个人交往。用平常心处理日常中人和人的交往是可以的，但在商务谈判中，我们绝不能错失分析和掌握对手内心的良机，而让对手彻底将自己看穿。学习掌握以及正确应用九型人格理论，将能够帮助我们在谈判中从一开始便处于不败之地，维护好自身和公司的利益，并以高超的谈判技术，征服客户的心，获取他们发自内心的赞赏和认可。

第二章

1号完美型客户：他看到的世界总是不完美

如何辨识完美型客户

准备工作：利用多渠道收集客户资料

完美型客户代表：行政主管 Linda

Linda 就职于通信公司某二线城市分公司，目前担任行政主管工作。

从大学毕业 20 来岁到如今 30 出头，便掌管了通信分公司所有行政事宜，Linda 说这与她天生是个完美主义的人分不开。“在我眼中非黑即白，很少有灰色地带，我对自己的价值观非常坚定，对他人的意见包容性较差，会直言不讳地批评部下，但只是就事论事，不带有个人感情色彩，看到部下取得进步，我也会当面表扬。”

“我对工作非常负责，不允许自己或手下有一丝怠慢，要求督促身边的人做计划，严格按计划行事。我想就是因为我一丝不苟，精益求精的信念，我才能坐上行政主管的位置。”

Linda 欣赏和她有同样追求的人。“人生就是要向完美的目标前进。有很多人受不了我的性格，认为我吹毛求疵，对于这种人我嗤之以鼻，没有进取心的人没有资格对我品头论足！”

Linda 有一点很苦恼，经常有朋友和同事透露她在无形给身边的人施加压力，有些甚至逐渐远离她，Linda 很费解：“难道我不是他们生活和工作的表率吗？”

显而易见，Linda是典型的完美型性格人物，销售人员想要突破完美型客户的心理防线，就要完全掌握他们的性格特征及应对方法，从辨识客户类型到掌握谈判主动权，各个细节都要滴水不漏，只有这样才能得到完美型客户的青睐，顺利达成协议。

这样辨识完美型客户

收集客户资料是谈判成功的前提，销售人员对客户的了解越多，接下来的销售谈判工作越能水到渠成。试想，如果销售人员绞尽脑汁，运用各种关系终于得到一次与客户面对面交流的机会，而自己却只知道客户姓名、年龄、性别、职位等基本信息，没有更深层次的信息掌握，很显然此次的谈判十有八九会无果而终。

销售谈判最重要的就是把握主动权，预先没有掌握完善的客户资料，就是把主动权拱手让出。事实上，完美型客户原本就是认真负责、性格强势的人物代表，在与完美型客户交流中，一旦客户嗅出你在谈判之前没有做足准备，立刻会给客户留下对工作不认真负责的印象，这恰恰触碰了完美型客户的底线。客户带着排斥抵触的心态交谈，谈判结果可想而知。

客户信息收集管理能有效地利用、发展和维系有利于销售达成的信息与经验，求得最大谈判筹码。客户肯定不会主动地将个人资料和盘托出，这就要求销售人员会利用多方面渠道收集客户资料。

如何对客户进行有效了解？通过哪些途径收集客户资料、在自我能力范围内达到信息最大化呢？下面我就给大家介绍几种重要且常用的信息收集手段。

互联网搜索：互联网是目前最方便快捷的信息收集方式，可以说运用好互联网是收集客户资料不可或缺的方法。

首先大家要会利用搜索引擎，目前专业的搜索引擎有百度（www.baidu.com）、谷歌（www.google.cn）、雅虎中国（www.yahoo.cn）

三大网站，将设定好的关键词放到这些网站上搜索，或多或少都会出现要查找人物的相关信息。

在这里要说明一点，关键词的设置对搜索结果有很大影响，例如，你想搜索一个名为张红的人，如果仅在百度搜索“张红”，会出现约14800000个搜索结果，试图找到你想找的张红的信息就如同大海捞针。这时要适当为“张红”这个关键词添加限定范围，比如某某公司张红、总裁助理张红、书法家张红等。

不同搜索引擎的排序方式不同，所以想要全面掌握客户信息，就要在不同搜索引擎上搜索信息，这样才能获得更全面的资料。

企业资料：客户所在的企业在某方面能体现客户的性格和潜意识选择。

例如，一个在效益不佳，但以安逸稳定著称的国企工作的客户，从这方面可以解读出此客户是以稳定有安全感为第一选择要务的人；一个就职于社会评价压力颇大的外企客户，从这方面可以解读出此客户不安于现状、追求挑战的性格特点。另外对客户企业资料的掌握也是对客户薪资收入的了解、对客户所处职位的了解，这会使与客户面对面所谈话题也有个大致方向。

关于企业资料，可以在企业官方网站上查找，也可以实地调查了解，听听客户所在企业的工作人员的总体评价。

朋友印象：任何人身边都包含两部分人——家人和朋友。能听到客户朋友对他（她）的印象是最人文、最人性化的评价。如果能与客户的朋友有机会接触，一定不能放过机会，不见得非要当面交谈，通过MSN、QQ等通信工具交流，也会有不小的收获。

家人看法：家人能看到朋友看不到的人性脆弱面，是最了解客户的人，能获得家人对客户的解读，是抓到客户软肋的重要途径。但贸然接触客户家人会给对方唐突不礼貌的印象，可以先试着接触，打消对方的防备心理，这样才能更好地从侧面获得有效信息。

同事评价：对工作的态度更能体现一个人对客观事物的态度，这种态度相信同事感受最深。这种态度也能体现出客户面对推销产品的预计反应，所以获取同事的评价也是收集客户资料的一个重要部分。但要注意的是尽量不要让客户知道你信息搜集的行为，以免令客户反感，对谈判有害无利。

现场观察：从着装、声音、表情、姿势等微表情里发现真相

观察他们：细微处发现真相

我的学员里，曾有一位非常优秀的销售代表Tark，后来我们成为了很好的朋友。某次在课上，他同大家分享了这样的故事。

那是Tark刚刚踏入销售界不久，他才明白原来并不是所有的业务都在大厅，尤其是新人，和所有做销售起步的人没什么两样。

在刻苦跑业务、接触客户和整理资料的同时，他也没有忘记阅读各种各样的心理书籍。一个偶然的机会，他了解到九型人格理论，并产生了极大的兴趣。不久之后，应用的机会到来了，Tark去某公司拜会人力资源部主管，想仔细介绍下他的产品，因为提前去了十分钟，Tark被安排在会议室等待。他注意到这间会议室被安排得非常得体，墙壁上悬挂着公司的警句、荣誉的奖牌和大型活动的照片。

一会儿，主管先生踏进了会议室。同Tark还没有寒暄两句，他忽然把视线投到了墙上，然后情不自禁地站起身来，走到墙边，伸出手扶正了一幅略微歪斜了的照片。然后又下意识地就着相框的玻璃反射，整了整自己原本就很端正的领带。

当主管走回位置，继续同Tark谈话时，Tark已经在心里下定了决心：

“这是一位完美型人格的客户代表。他的无意识举动，已经深深地出卖了他的内在，而我接下来要做的事情，就是按照完美型人格所渴求的那种沟通方式同他打交道……”

果然，二十分钟以后，Tark 基本上奠定了胜局。这位主管对他的思维方式、介绍内容和产品特点都相当满意，他甚至拍了拍 Tark 的肩膀，鼓励他好好干，前途无量。Tark 在这次初尝用九型人格理论分析客户的甜头之后，加深了自己的学习，并在不久之后获得了升职。

Tark 在这次的销售中表现非常出色，他近乎“无师自通”地观察出客户的性格类型。当然，这同他之前对九型人格理论的接触和学习是无法分开的，同自身善于观察和思考更有相当大的关联。销售者应该同 Tark 一样，学会抓住一切细节，进行深入的思考，并由此养成习惯，从而在自身销售事业的道路上走得更远。

这样辨识完美型客户

观察语言：完美型人格的客户因为追求卓越，原则性很强。因此，在他们的语言习惯中，经常会出现“应该”“必须”或者“不应该”“不行”这样的词汇，而提到“原则”“立场”“规定”和“标准”这样的词也大大多于他人。这并非他们喜欢权力感，而是认为自己所追求的是完美的真理，因此也用完美的标准来看待自己同他人。

观察衣着：完美型人格的客户对自己要求很高，因此他们绝少出现衣冠不整的情况，当然，在衣物的装饰上也尽可能简洁，不会拖泥带水。事实上，他们对于细节的敏感往往超出一般人。比如案例中那位主管，能够观察到墙面的照片，并非常在乎自己的外表。所以，当你踏入办公室的第一眼，看见的是超过一般的干净整洁的环境，以及衣着无可挑剔的客户代表时，相信你将能轻松地把他归入完美型客户的类型中。

观察表情：即使不说话，完美型人格的眼神也能向你揭示他的性格。即使在他微笑时，眼神也不一定变得有多么柔和，依旧是比较冷静和严肃，带不出多少感情色彩。但是，这种眼神并非带有攻击性，而是他的天性如此，只有他看见合乎自己标准的状态时，他才会真正投入感情。

观察动作：作为最喜欢完美状态的人格类型，这样的客户在行动上也非常得体，甚至让人有替他们累的感觉。比如，我的一位客户就是典型，自从他退伍后，还是保持着军人的本色，无论坐、站、走，都是挺拔如松，雄赳赳、气昂昂。这种标准的行动模式，在社交场合往往为他增添了相当的魅力，当然，也为我们辨识出他的性格特点打开了方便之门。

与完美型客户的沟通方式

表达方式：声音、表情、姿势、谈吐绝不能输在细节

输在细节的销售代表 Lee

Lee是我早就认识的一位朋友，他一直担任某家机械产品的地区销售代表，在当地有不少企业同他已经是合作关系非常紧密的伙伴。也正因为如此，Lee的销售业绩始终有着老客户的支撑，而且稳定上升着。

某次，Lee的一位老客户薛总把一张名片递给了他，说："这是我的同乡赵总，他在S市开了一家企业，需要你手上的这些机械产品。我已经和他联系过了，你可以去他那里看看。注意哦，资料准备详细点，赵总很在意细节的。"

两天后，身穿笔挺意大利西装的赵总，准时在他一尘不染的办公室接

待了Lee，两人进行了一番围绕产品的谈话。

赵总："Lee先生，你们的产品我也早有耳闻，还考虑过购买。不过，我注意到你们的耐热性参数并不是业界最好的，你怎样看待这个问题?"

Lee并不是第一次面对这种问题，通常，他都采用先回避再详细介绍产品其他优点的方法来解决。这次他依旧想都没想，微微一笑，轻轻叩击着产品材料的封面，同时娴熟地回答："赵总，也许我们的耐热性参数并不好，但是，考虑到我们的综合性价比，我认为……"

赵总没有听他说完，就不耐烦地摇了摇头说："不是这样的，产品到我们手上，一定要发挥最好的效果，我们不是为了所谓的综合性价比，更不能从你的角度去认为，我们只是想提高自己的生产质量。这样吧，你们的产品资料先放在这里，我再考虑吧……"

尽管事先有了解赵总的特点，而赵总的形象又直接指向他完美者的性格，但Lee还是粗心地在谈话一开始就露出了"破绽"。对于完美型客户来说，他们最讨厌的就是"大概、可能、或许"和"差不多"。在完美型人格的世界里，白就是白，黑就是黑，一切表达都应该基于这样的原则来考虑，一切立场都应该清楚和分明。如果想在完美型人格的客户面前塑造一个灰色地带，那么，无异于销售者在大声告诉他们"我是在骗你的钱"，而客户当然会因此弃你而去。

这样同完美型客户沟通

声音：同完美型客户谈话，你的声音一定要体现出权威性。过于柔和的声音，或者过于低调的声音，在他们看来是你缺乏自信心的表现，而这种缺乏一定来自于产品的不够完美。记住，当你这样的声音响起在完美型客户的耳边时，他们已经在心中为你的产品扣掉了不少的分数。所以，下次接触完美型客户时，说话不妨学一点演说者的样子，坚定而洪亮的语音，能让他们至少不会再轻易质疑。

语速：快速的语速对于完美型客户来说，通常都是欠缺思考而随随便便给出的表态，这种表态无疑是没办法说服他们的。因此，当你同这种类型客户交谈时，不妨拒绝 Lee 的那种过于娴熟的表达方式，而是采取较为适中的语速，郑重其事地把你所掌握的事实以及你的表态告诉客户。这样的语速配合适当的语音，才能让他们有相应的信服感。

动作：和完美型人格的客户交流时，切忌像 Lee 那样做出随意的小动作，比如，叩击桌面或材料，轻微抖动双腿，频繁摊开和合上手掌，拿着笔在空气里指指点点，等等。或许这些动作在其他客户看来并不多余，甚至对某些人格类型的客户还能起到激励作用，但对于完美型人格客户，这是百分之百的谈判干扰。

交流是一门学问，同时也是一门艺术。和完美型人格客户的交流必须尊重每个细节，从谈话内容的包装开始，你就要将自己放到完美人格的同一个角度，尽力营造出让对方感觉舒适、轻松而愉悦的谈话氛围。记住，只有当客户感到放下心来时，才能理性客观地看待你的产品，并接受你的思路。而完美型人格客户则是相当不容易放心的那种人，除非你事先将一切沟通细节都巧妙地设置精确。

表达内容：话语内容等想清楚再作出反应

语言决定成果：善于沟通的销售代表 Barbie

Barbie 在市中心的某汽车 4S 店做销售工作，她向来以善于沟通而闻名。某次，我的一位学员小赵在我的推荐下，来到她所在的店面参观了她的推销过程。

Barbie 首先接待的是位年轻女性客户，她衣着时髦，外表靓丽，开口是那种很流行的带港台腔的说话方法。Barbie 同她随便聊了聊，说到了她的家人、房子、狗和化妆品。不一会儿，两人似乎渐渐熟悉起来，Barbie 开始介绍起当时她手中的一款车型。

Barbie 是这样向女客户介绍的："您看，这个品牌在我们国产汽车里非常好，用起来也很顺手。你看，方向盘这里，还有控制仪器这里，都非常有亲和力。而且，甚至不需要钥匙打火，轻轻按下按钮，就可以启动汽车了。相信不管什么样的客户，都会很喜欢这款新车。加上这款车车厢宽阔，除了您，还能轻松地携带家人和朋友，驾车出游将会变得更加简单……"

在 Barbie 充满人情味的介绍下，女客户很中意产品，很快买下了这款车。

过了一会儿，另一位瘦削的中年男人也站到这款车前，他提出的第一个问题就是这款车在业界销售的排名。Barbie 非常有自信地列举了近期的销量，然后这样向他介绍产品："先生，这款产品的市场反映相当好，自从推出之后，客户的满意度在 90% 以上。本产品的生产和设计标准，都是按国际最好的理念来贯彻。为了形成最便利的人车交互系统，我们的研发团队进行了上千小时的研究和试验，您看，以启动装置为例，这个仅仅一厘米直径的小按钮，可以让您只付出按动打火机的力量，就轻松发动汽车。您再看我们宽阔的车厢，这是非常适合商务和旅行使用的款式，长宽高分别是 ××× 米，在同类产品中属于最佳比例……"

虽然 Barbie 采取了截然不同的话术，但这位瘦削的男子还是同样很快订下了一辆汽车。

Barbie 之所以被称为能说会道的销售员，并非没有原因。我的学员小赵后来请教她时，她回答说，因为那位女客户非常和善，很主动地就介绍了自己的很多情况，而她对于产品的眼光和问题都并不挑剔，是可以采用比较“虚”的言语加以打动，用感情色彩比较浓的话语来说服。但后一位客户就并非如此，从穿着、神情和直截了当的技术问题可以发现，他是非常在意自己购买产品的完美度的，这种追求完美的人格，决定了你不能用前一种话语来打动他。

通过 Barbie 的示范，小赵对如何同完美型客户打交道多了一份经验，下面我来系统地介绍一下如何用合适的话语内容来同完美型客户交谈。

这样向完美型客户表达

态度的选择：在对完美型客户的表达过程中，不要使用听上去充满温情色彩的词语。虽然强调以情动人、换位思考等理念在营销培训中越来越多，然而，这种理念并不总是适用于任何客户。对于完美型客户的人格特点来说，他来购买产品首先就是为了挑选到同等价格中最好的产品，而不是获得自己感情上的满足。因此，多站在中立、客观、冷静的角度，向完美型客户精确地介绍产品，将更利于你的表达。比如，在上述的案例中，“充满人性化”改为了“最便利的交互系统”，对车厢大小的形象化描绘，变成了对数字的具体复述等，就是最好的例子。

词语的选择：向完美型客户的表达过程中，请注意挑选好你的词语，而不要草率地脱口而出。比如，“最优秀”“最先进”“最好”，这些词语的确能够吸引要求甚高的完美型客户，但反过来，过多地使用这类词语，将会造成完美型客户的怀疑。他们将怀疑产品是否的确真的有你所描述的那么好。除了程度性的词语，数字、形容词和肯定句式，也应该有选择有计划地搭配使用，千万不能一股脑地竹筒倒豆子，这种缺乏思考和酝酿的表达对于完美型客户有害无益。

除了态度和词语的选择需要加以思考之外，交谈的时间、提问的多少和句子的长短等，也需要销售者先在头脑中进行预演。当你对自己所面对的客户有所判断和了解之后，再在明晰的基础上进行表达，将取得事半功倍的效果。

与完美型客户的沟通忌讳

不就事论事：放松懒散，跑题跑调

跑题最可怕：忘记谈话中心的Jil

Jil是我认识的最勤勉的销售员之一，他为某知名品牌的洋酒担任地区销售。最近，他郁闷地找到我，说自己虽然很努力地维护一家客户关系，到最后却丢失了这块市场。

事情是这样的，Jil掌握着当地十来家酒吧的客户资源作为合作伙伴，为了获得新一季的订单，他一家家拜访客户。同其中最大客户——某酒吧的张总，两人有如下的对话：

Jil：张总您好，今天前来拜访，是为了了解××品牌的洋酒在贵公司的销售情况。

张总：嗯，销售情况还算不错，不过，市场的评价上升速度好像没有最近新出现的××品牌酒好。

Jil：是吗？张总您觉得是什么原因？

张总：我看问题在酒的口味上，你也知道，年轻人的口味时尚一直在变，而酒吧的主要客户都是年轻人。

Jil：这种情况的确存在。不过，张总您看，咱们能不能想办法进行一次联手的营销活动，结合马上要到来的情人节，在年轻人中间推广我们××牌洋酒？

张总：活动？问题是不大。不过，效果能保证很好吗？

Jil：当然，我可以找到本地最大的媒体，采用新闻的方式推广活动，也能扩大您的酒吧影响力。

张总：哦。媒体参与，这个想法还挺不错的。

Jil：是的，其实和我们公司合作的媒体有不小的影响力。

张总：是吗？不妨说说。

虽然 Jil 接下来分析了不少合作开展营销活动的好处，但最终张总也没有同意开展活动，而是否进行新的签约，也被耽误了下来。

Jil 在谈话中加入过多的想象力，导致主题不断被分化，产生的枝枝节节越来越多，让追求完美的张总注意力随之不断分散，而没有很好地集中到谈话的主要内容上。虽然看起来 Jil 在提供越来越多的信息和可能，然而，张总无法迅速地把这些可能同签订订单问题联系到一起，他在每个问题上最终都没有得到自己想要的完美答案，所以最终谈判不了了之也就并不奇怪了。

这样抓住重点

完美型人格的客户，喜欢按部就班地把每个问题解决清楚，再去考虑下一种问题的可能。他们天生的性格加上后天做事的习惯，都是在心中列出一张日程表，然后有秩序地解决日程表上的每个问题。对完美型人格来说，他们无法迅速地摆脱外界干扰，并能够迅速跳过小细节去抓住问题本质。因此，销售者必须要学会适应他们的思维方式和节奏，想办法抓住谈话的重点，始终处于谈判中的主导权位置。

为谈话制定进度表：在同完美型人格客户谈话前，你不妨先为谈话制定一份进度表。根绝双方大概能谈话的时间，结合谈判所要解决的问题，列出较为详细的进度表。进度表应该能有不同的分支，根据客户给出的回答，有秩序地进行。进度表并不需要复杂，但一定要想到所有可能，最关键的是无论客户做出怎样的回答，都能在进度表中得到事先的预测和体现，从而保证谈话总是在你的把握中进行。这种事先准备的好处在于，避免谈话因为客户对细节的执着，而陷入漫无边际的泥潭中去，甚至拖沓冗长，最后客户被自己绕晕。

时刻强调主题：完美型客户是眼里容不得沙子的观察和思考习惯。一方面这种习惯能够提供给他们更好的工作质量，但另一方面对于身处合作和竞争对手的销售者来说，这种习惯往往会妨碍他们的工作，比如，张总在听说举行销售活动后很感兴趣，但他同时也陷入了销售活动质量如何的思考中，而这种执着的思考其实是对本次谈判的主题——签订订单的一种分散。面对这种情况，Jil 理应预先把主题呈现出来，并经常性地做出语言、语气、动作和表情上的暗示，将张总从他自己的“完美思考”中拉回谈话。

谨慎提出新信息：对于有些类型的客户来说，他们希望获得更多的信息，然后供他们最后下定决心。而有的销售者自己也喜欢通过更多信息资源来达成思考目的。然而，完美型客户并不一定就对此“买账”。新信息的出现固然能够帮助他们更全面地了解环境和目标，但也必然让他们发现更多的细节问题，而开始新的一轮对于细节的追逐。而这种追逐肯定会导致谈话主题的过度分散乃至失控。

完美型人格的客户喜欢正确的谈判节奏和稳定的谈话主题，因此，在同他们进行商务谈判时，你必须有良好的节奏感和全面的控制能力，才可以保证谈话在正确的范畴中稳步进行。

不坦诚过错：试图掩饰，马马虎虎

手机销售员 Folan：完美型客户最讨厌欺骗

我认识的优秀手机销售员有好几个，其中 Folan 是销售业绩最好的。我曾经在培训课上请 Folan 说过自己的经验，而关于同完美型客户打交道的方法，Folan 说：“绝不要试图欺骗他们。”

Folan 所举出的完美型客户例子，是某国企办公室的薛主任，该单位打算采购一批手机并作为重阳节礼物，发放给已退休的领导。围绕这个主题，Folan 向薛主任仔细介绍了新的手机性能，包括它在通信清晰度上的优秀表现、业界排名的不断上升和客户满意度的稳定提高。薛主任仔细地听着这些介绍，不断提出一些专业性很强的细节问题，同时仔细地做了一些记录。看得出来，薛主任是非常追求完美的客户。

当整个介绍基本告一段落后，双方谈话的气氛变得融洽起来。这时候，薛主任似乎无意地提出了一个问题：“在价格上，贵公司销售的这款手机，似乎价格比我市其他渠道的同款手机要贵百分之三左右？这一点，你们的报价单和产品资料上好像没有做出解释？”

Folan 很清楚，在精明而追求完美的薛主任面前试图掩饰是愚蠢的。他立即诚恳地回答说：“薛主任，您果然对手机市场很了解。事实确实如此，因为我公司对于进货渠道控制很严格，完全保证是原厂原货，同时，手机充电器、贴膜和内存卡我们都作为赠品配备，因此虽然价格贵了一点，但综合算起来，还是要比市场上更划算。至于价格问题，我们的确没能在提供的资料上说清楚，这是我们工作的疏忽，请您谅解。”

滴水不漏的回答和谦虚诚恳的态度让薛主任很满意，他点点头，话题转到具体的细节问题上。最终，这笔签约基本敲定。

Folan这次谈判所取得的成功，来自于他观察力的敏锐——及时发现薛主任的性格类型，以及表现出来的诚恳和坦率——对薛主任表示的疑问进行了正确解释。试想，如果他无法理解薛主任的问题，试图将水搅浑，把问题遮掩过去，那么即使表面上能够敷衍的了一时，最终也将失去薛主任的信任，并导致谈判的失败。这是因为完美型客户最讨厌的是细节上被蒙在鼓里的情况，他们宁愿接受价格更贵，而不愿接受自己处于信息被动面上所作出的决策。完美型客户永远不能接受不完美的局面，更不能接受自己的不完美，而“被欺骗”“被糊弄”更是不完美的典型表现。

这样向完美型客户说真话

完美型客户喜欢听真话，喜欢握有第一手材料。因为掌握第一手材料代表着主动权，而站在主动权的一方能将事情引导到更完美的状态。因此，你必须学会向完美型客户说真话，同时采用正确方法加以表达。

理解对方立场：如果销售者不能了解客户的立场，就没有办法把更全面的信息传达出来，这样，即使是销售者自己无法察觉，完美型客户也一样会有被欺骗的感受。因此，你必须站在他的角度，揣摩完美型客户所想要得到的一切数据、过程、背景信息，并全面地向他们加以展示。在这个环节中，销售者应该首先能尊重完美型客户的思维习惯，不能以“太麻烦”“太吹毛求疵”来推断他们，进一步来说，只有先尊重，才能达到理解，只有理解，才能做到坦率。

坦率描述事实：销售者给人的印象往往是片面引导，只提供对自己有利的事实，而隐瞒对自己不利的因素。在现代市场经济中，每个客户都能够预料到这种情况，并影响自己的购买决策，完美型客户更加如此。因此，销售者如果能够坦率地传达事情的真实情况，比如，把产品显而易见的缺点指出来，或者明确为自己工作上的疏漏和失误道歉，将能够表现出自己追求完美的决心，以及产品向完美迈进的步骤，从而引起完美型客户的共鸣。

注意态度的公平性：在 Folan 的描绘中，我们看不到他对客观事实有所隐瞒。而在真实的销售案例中，不少销售者即使说出了事实，还是喜欢向客户文过饰非，比如，即使客户了解产品缺点，销售者还是在一两句“避重就轻”的解释后用“但是”开头，进行大段的“分析”。又如，虽然客户说出了自己不愿意购买的原因，销售者也仅仅是简单表示理解，之后开始大段“说服”。这种缺乏公平性的态度，会让完美型客户感到对方只是为了卖出东西，而不追求产品和服务的完美，从而引起他们的反感。

销售的确需要方法、需要引导，然而，对于完美型客户来说，有时候坦率才是最好的方法和引导。因为这种坦率会让对方感受到你对于完美的诚意，从而带来他们更多的包容和认可。

谈判宝鉴

从赞美对方细节入手，令对方认定你的职业化水平

销售经理 Terry 的经验：细节获取认同感

某品牌挖掘机的销售经理 Terry 曾经和我交流过这样一个案例。

2010 年，Terry 来到南方一家大型建筑企业推荐产品，接待他的是对方主管某大型市政建设开发项目的何经理。双方一见面，Terry 先是仔细介绍了自己的产品，又请何经理几个人观看了自己带来的宣传视频和详细产品介绍。交谈中，Terry 发现何经理对产品的评价不错，感到这次成功的可能很大。

下午，何经理提出，请 Terry 去他们正在开发的一个建筑工地看看，

Terry 当然很高兴，于是便共同来到现场。何经理同他戴上安全帽，走在工地中，一板一眼地介绍着这块地区原来是属于破旧的危房，怎样在公司领导的决策和自己的努力下通过竞争拿到地块，又怎样一步步进行完拆迁工作，接着开始了按部就班同时紧张有序地建设。"可以这么说，"何经理说道，"如果不是我们发扬公司一贯的求精、求细、求完美的工作作风，这个项目无法发展的这样快。现在，我们需要贵公司的产品来参与到我们下一个项目中，不知道是不是能够做到同样的程度？"

Terry 本身对建筑工程其实并不感兴趣，他只是把销售当成纯粹的事业来做，因此，对于何经理刚才列举的一大串统计数字、成本开支、历史沿革、决策方针等并没有仔细听进去，看到何经理在问自己，便连连点头，不知所云的敷衍几句，然后开始接着说本公司产品的质量如何优秀。看到 Terry 并没有多少触动和反应，何经理的脸色变得失望起来。很快，参观结束了，何经理客气地送走了 Terry，并没有提到对订单的下一步计划。

Terry 后来和我交流这次失败的销售案例时，自我反省地说道，如果当时能够更了解建筑行业，能够抓住何经理所列举的那些细节，加以适当的肯定和赞美，那么，被认可的何经理很可能发现自己的职业化，同时加深对产品的期待和印象，最终签约成功。我告诉 Terry，事实确实如此，这位何经理很明显属于完美型人格，这点从他对公司工作作风的表述，以及谈吐风格中就可以看出，没有在他最关心的问题点上去支持和赞美他，是 Terry 最大的失误。

这样夸完美型客户

Terry 没有在关键时刻去赞美完美型客户何经理，导致何经理认为他是根本不懂行的销售人员，从而放弃了原本签约的可能。不想重蹈覆辙的你，必须学会巧妙而到位地夸完美型客户。

关注细节去赞美：赞美很多人都会，“您很敬业”“您非常厉害”之类的赞美话语经常在社交或者工作场合听见，然而，对于完美型人格来说，这种赞美即使不显得虚伪，也显得无关痛痒。对于完美型人格来说，他们本身关注细节，因为只有加强细节的优秀，才能带来更加完美的效果，而对于细节的赞美，才是在真正赞美完美型人格。比如，“贵公司的办公设备管理非常到位”“贵公司的员工气质非常有吸引力”“您的工作计划让我印象深刻”等，这样的赞美才能关注到细节，加深完美型客户的印象。

用赞美表现职业化：对完美型人格的赞美，需要有具体的出发点和落脚点，出发点可以从客户所从事的具体工作岗位开始，比如，对于从事行政工作的，可以赞美对方的耐心、细致，而对于从事管理工作的，可以赞美对方的掌控力、决断力。而落脚点则应该归结到对方工作的效果上，比如，强调因为对方的工作，取得了怎样的效果等。

结合赞美来设置期待：赞美如果不产生具体的效果，那么只能让气氛一时愉悦而已。销售者必须学会结合赞美来设置期待，比如，通过在赞美后加上对合作前景的描绘，在赞美后再提出自己的想法，或者在对客户的赞美后能够表现产品近似的理念或特点等。这样，赞美不仅能够显现出对细节的看重，还能够更多地让客户产生想象和期待，从而推进签约的顺利进行。

委婉并非有利，正面表达意图

开门见山的 Paul：让兜圈子远离完美型客户

“销售员究竟是不是应该一开始就突出主题？”我曾经在不同的培训场合提出过相同的问题，而得到的答案也并不一致。实际上，我给出的最后答案是：要根据不同的人格类型来决定。

我经常向学员们讲述下面的案例。

按照事先约定好的时间，销售代表 Paul 在午休时分推开了某电信公司后勤部的办公室门，他看到牛经理正西装革履地坐在房内，即使是夏季的午休，他依然穿着正规的外套，而没有像其他人那样穿着衬衫。

Paul 和牛经理寒暄了几句，然后想把话题引到这次推荐的耗材产品上来。他想了想，决定还是不要一开始就直奔主题，于是他问道："牛经理，您负责后勤部工作，一定比较辛苦吧。这样忙碌的大企业，肯定有不少事情需要处理……"

牛经理轻微皱了皱眉，扶了扶眼镜回答说："是的，的确有不少管理的重点。"

"那么，对办公用品的管理肯定挺麻烦的对吧。"

"嗯。"牛经理点了点头，却没说什么。一阵尴尬的沉默后，Paul 想到了另一个话题。

"那么，贵公司现在采用的耗材好像是从 A 公司那里订购的，大概合作了一两年了吧，效果怎么样?"

牛经理这次没有回答，他看了看表，然后说："年轻人，直接谈谈你的产品和价格吧。"

Paul 闹了个红脸，他连忙从包里掏出资料，开始进行产品介绍。

如果不是牛经理的脾气不错，Paul 这次很可能被对方请出办公室。这是因为完美型客户容忍不了对时间的浪费，也不愿意把精力消耗在同对方玩"猜猜我要做什么"的游戏上。对于完美型客户来说，他们的工作日程永远像是一道等待证明的几何题目，每一个步骤都必须非常精确，而随意、无目的的行动，恰恰是最大的浪费和最大的痛苦。

向完美型客户揭示主题

上面的案例，经常让学员们认识到同完美型客户打交道的重要原则——开门见山，而并非虚与委蛇，侧面进取。对于他们来说，直接看到产品或者服务的效果，要重于自己在感情上或者体验上得到的尊重和共鸣。因此，你必须学会如何向完美型客户直接揭示出主题，博取他们的微笑和颔首。

直接告诉他们不知道的：不要去批评完美型客户，这是因为他们对自己的要求已经很高，在内心，他们经常会自己批评自己的不完美，也就因此不愿意接受他人的批评。然而，销售者还是可以直接告诉完美型客户他们所不知道的，比如，他们未曾关注到的领域，他们没有想象过的收益，或者他们没有发现到的潜力点，等等。你可以用果断的语言加上低调的态度，直接亮出这些他们原来并不知道的视野，从而吸引他们的注意。

直接告诉他们想知道的：在这种方法体系内，提问是最好的一个手段。开门见山地向客户进行提问，比如“您希望了解我们产品带来的几种可能吗”“您是不是想听听我对贵公司的建议”“您有没有关注过我们这种产品的功能”，等等。要知道，客户既然愿意同你进行谈判，一定会对产品或服务有所期待，直接告诉他们想要知道的，不浪费一分钟时间，会让完美型客户将你引为同道中人。

直接说出产品的最优点：销售者对于产品的信心，经常直接决定了客户对你的看法，尤其是对于完美型客户来说，他们希望看到你自己的信心，来证明你产品的完美。因此，你必须在谈判的前三分钟，直截了当地列举出产品的最明显优点，一方面可以加深客户对于产品接近完美的印象，另一方面也可以让他们感受到你自己的激情和信心。

商务谈判有种种成功的模式，运用的正确与否，取决于这些模式是否被用来针对各自应有的对象。对于完美型客户来说，采取上述方法，将能够牢牢地抓住他们的注意力，并保持在足够的限度以上，最终达到我们成功销售的目标。

是什么让导购员的谈判出现了根本性转机

A是某家商场内西门子双开门冰箱的导购员，下面是她与“完美型”顾客B的一段精彩对话。

当顾客B走到卖场时，A马上热情地上前说：“先生您好，您是要看看这边的西门子双开门冰箱吗?”显然，B先生了解这是每个厂家培训导购员的最基本套话，因此，对导购员的搭讪没有理睬，只是驻足扫视了一圈这里的产品款式和价格。在此期间，导购员A并没有闲着，而是顺便介绍了几款产品。顾客B先生简单看了一些，然后冷冷地说了一句说：“你们这里冰箱的价格真贵，比旁边三星品牌的贵多了。”

导购员A马上辩解说：“三星的高档冰箱也卖得很贵，也要26000多元呢。”顾客B反驳说：“但是他们的样机打折后只卖17000元啊。”A迅速做出反应，回应了一句很经典的话：“您想，他们原价要26000元，样机打折后只卖17000元，您感觉这正常吗？而我们的这款样机原价卖24000元，现在打折后19800元。您也知道，双开门冰箱属于高档产品，我们的样机都是放一段时间后马上打折出售，根本没人真正使用过，所以您买回去一定很划算……”

很显然，顾客B对家电行业的微薄利润也很清楚，仔细一想，也感觉导购员说得有道理，但又想把价格压的低一点，便将西门子冰箱的薄弱瓶颈指了出来：“虽说如此吧，但是西门子的样式实在是难看，跟三星比起来差远了。”

面对这种挑剔的顾客，导购员A下面的话更精彩：“如果这款冰箱造个好看的样式，那就不是西门子的风格了。”顾客被这句话说蒙了，就问她为什么。A答道：“您肯定知道，三星是韩国的品牌，而西门子是德国的品牌。您看电视上热播的那些韩剧，连40多岁的男人都会去整容，但是这种情况在德国肯定没有。这就与两国的国民特征有关，韩国人基本上都很会享受生活，因此他们的产品只追求外观美感；而德国人则态度严谨，更加注重产品的工艺和品质。咱们买冰箱就是为了使用，而不是买回去当摆设。而且您看这门的拉手，虽然难看，但正好凸显了西门子的技术含量，这个拉手是直接镶到门体上的，非常结实。”边说边使劲拉把手做示范，“其他冰箱的把手虽然做得好看，但顾客根本不知道是什么工艺，也不知道是怎么装上去的，这怎么能让顾客放心呢？”

这一番说辞下来，如此挑剔的“完美型”客户被彻底征服，当场就签单购买了一台冰箱。

案例分析

导购员A利用顾客追求完美、挑剔的心理，将自己的产品与其他产品做了一系列的对比，并运用了一些精彩的说辞，使谈判出现了根本性的转机。本来顾客只是随便看看，而且也不喜欢那“丑陋”的造型，可能根本就没打算要买。但是导购员的那些话，正好击中了他“追求完美”的软肋，最终买下了冰箱。

案例总结

通过前面的分析，我们可以看出，“完美型”客户有一个我们可以利用的“弱点”：他们追求产品的完美性，想要挖掘产品的最大价值。因此，当销售员面对“完美型”客户时，想要成功推销自己的产品，就必须对自己的产品充满信心，使自己的话充满权威性，让客户觉得你的产品在同行中是最棒的、最完美的，那样才能说服顾客。你推销的产品越是接近完美，那么客户就越容易接受。

“解决”完美型客户话术示例

• 与完美型客户沟通，一定要注意细节问题，学会赞美对方，绝对不能输在细节上。

例如，“这条领带让您显得特别精神”“这块台布一定是您精心挑选的吧，真漂亮啊！”等。

• 与完美型客户交谈，一定要想清楚后再开口，直奔主题，不要啰唆，词不达意。

例如，“这项规划可以解决您公司面临的人员调动问题，您不妨看看。”

• 与完美型客户谈判，一定要体现出你的权威性，直击谈判的重点。

例如，“尽管您公司的管理已经很好了，但是我们为您提供的建议能够令其更加完美！”

• 与完美型客户交流，一定要说出实情，不要遮遮掩掩。

例如，“您说得对，这项产品唯一的缺点就是……我们公司也正在全力解决这个问题。”

第三章

2号助人型客户：助人者天自助，他总能带来温暖

如何辨识助人型客户

性格特征：从穿着、心情、表达看其真诚度

给予型客户代表：政府部门领导 Penny

Penny 并不算高级领导，他调到本地政府某部门做领导才两年，而之前的二十来年的工作经历已经磨平了他的棱角，并养成他助人型的性格特征。

每天清晨，Penny 都会精神十足地走进政府大门，然后笑着对保安打招呼。在这幢大楼里，他是相当有影响力的“名人”，上到高级领导，下到清洁工和门卫，大家都对他的印象不错。Penny 刚调到这个部门时，不少人并没看好这位个头不高、看上去老实巴交毫无架子的科长，他真的能管好自己的下属么？然而，Penny 并没有像大家想象的那样简单。他进入角色后，首先是调出自己手下每个人的历年工作报告，然后微笑着找来每个人聊天：从新进的公务员，到部门的“老资格”，从合作单位，到上级领导，他都一一跑了个遍，把底子摸得很清楚。不仅如此，Penny 还在每个周末都能找到各种理由，邀请大家泡泡茶馆、吃吃饭、唱唱 KTV，同所有人聊家庭琐事，谈谈业余生活。短短一个月，Penny 就在单位成了名人。

当有人问道 Penny 为什么这样受大家喜爱的时候，他真诚地说道：“无论是上下级还是合作伙伴，如果你连他们的个性、习惯、生活情况、工作

特点都不了解，又怎么谈得上能够正确相处？如果只关心自己的利益，或者只关心政绩，又怎样让工作获得进步？我相信所有人都能够相处愉快，只要我们先拿出自己的真诚态度，满足他们的愿望，就一定能成为很好的同盟军。”就这样，Penny很快把原本评价不高的该部门工作带上了正轨，并成为当地政绩排名靠前的部门。

Penny说：“其实，我并没有觉得工作有多难。我从来不会像某些领导那样对下属挑刺或者发火，对我来说，每个下属都有着最好的一面，只要我为他们提供出合适的平台，他们一定能在那里做出最好的自己。只要我考虑到他们每个人的利益，他们获得满足以后，就会回报给我想要的东西。”

Penny就是典型的助人型人格，又称之为给予型人格。这种人格的客户，在平时工作中强调以情感来实现自己的思考模式，他们喜欢用自己的努力付出，来获取周围人对他们的认可，因此被归类为情感思考模式中去。对于这样的客户来说，任何会破坏他们的情感体验，或者破坏周围人对他们情感的行为，都将导致他们的反感和不快，用一句话可以描述他们的特点——“对人不对事”。

这样辨识助人型客户

怎样在芸芸的客户中去发现出那些助人型的客户？他们的特点相当明显，常常能让掌握方法的销售员轻而易举地将之同其他人区分开。

通过衣着来发现：助人型客户的衣着不会过于突出，他们并不愿意做高高在上的领导，而希望能融合进整个团队，对于普通客户代表则更是如此。低调而普通，是他们衣着的基本风格，如果说职场上有种人最容易同他人撞衫，那么一定是属于助人型客户的特权。其实，这并不难理解，助人型客户看重别人对自己的看法，他们不会穿那些过于突出的“奇装异服”，也不会穿那些讲究到精致的衣服，否则很可能带来他们感情上的波动。

通过心情来发现：同客户接触几次，你可以发现他们的心情规律，如果随着周围人对他们的态度和评价发生改变，或者随着周围气氛的改变而改变，那么很有可能是属于助人型客户。因为这种客户的性格看重配合、给予与合作，他们通过关心和帮助他人，实现自己的内心平衡，而一旦这种关心帮助效果不足时，他们内心的平衡就会被打破，从而心情低落。当然，如果这种付出获得了足够的认可，他们也会感觉到相当的兴奋。

通过表达来发现：一般来说，助人型客户即使在心情并不处于最佳状态时，也能流露出相当可爱、温暖的表情，他们的眼神经常充满善意，而他们的微笑令人如沐春风。尤其需要注意的是他们的语速不会缓慢，而是较快地表达出词汇，这样能带给人充满付出激情的感觉，从而体会到他们的乐于付出和随时待命。

学会辨识出助人型客户相当重要，越来越熟练的辨识，将能够让你节约用来辨识的时间，从而迅速拿捏出同他们打交道的分寸，达到利用他们性格特点展开销售的目的。

缺陷观察：从心态变化、情绪起伏辨识其心理弱点

适应他们：助人型客户的缺陷

即使在单位大受欢迎，也并不代表助人型客户没有自己的缺陷，实际上，很多人都能感受到他们的弱点，但很少有人真的在意或者郑重其事地提出这些。但对于销售经理 Bruce 来说，他必须要知道助人型客户会在哪些情况下暴露出性格上的弱点。

“我认识一位典型的助人型客户，她是某广告公司的销售经理 H。”

Bruce这么介绍自己的案例："这位H性格非常受欢迎，说话语音和眼神能吸引整个公司的团队，甚至有时候销售者都无法抵挡她的关心和要求。不过，她也有着相当明显的弱点。

"一方面，H是很善良的领导者，她可以亲自出手，帮助手下完成任务。但另一方面，如果感觉到下属不能以相等的热情来回报，她就会在内心相当压抑，最后很可能加以爆发。某次，我的销售员工向她推荐一款新的复印机失败，结果这位员工想请他的助手写报告给上级，要求更换目前的复印机。结果被H知道以后，断然否决，她说，团队目前不需要新的复印机，从而拒绝在报告上签字认可，同时还打来电话向我抱怨，说我根本没有约束好自己的员工。

"其实，对于助人型客户来说，他们的心理弱点常常就反映在周围人对他们的影响上。只要从周围人的影响入手，我们就能够认清他们的弱点所在，从而避免对销售产生不利的影响。"

Bruce的经验非常宝贵，助人型客户越是受人喜爱，他们越是意识不到自己本身存在着的性格缺陷，而这种情况会导致在其性格缺陷影响到谈判有利发展的时候，助人型客户自己却并未有任何感觉，也就更加难以被引导回正确的思维轨道上来。因此，及时发现他们的性格缺陷所在，无论是对于个体还是共体，都显得相当重要。

认清助人型客户的缺陷

认清助人型客户的缺陷，需要的并非什么高端技术，而是一定的技巧和大量的经验。相信下面的出发点可以帮助你更轻松地获取信息。

观察他们的同事：从必要的观察和传闻中，我们可以得到助人型客户最看重哪位同事的结论。一般来说，他们越是对之愿意付出的同事，也就越是在乎他们相应的回馈。正因为如此，我们必须要结合这些同事的态度，观察他们“心情的来源”，从而判断他们即将产生怎样的情绪。因为助人型客户的性格特点决定了这点，即他们看问题的根源往往并非来自于自身的实际利益，而是来自集体、团队和身边人的看法和感受，提前预知这些，就能避免他们心理弱点的大爆发从而导致他们情绪的低落。

观察他们的情绪：另外，你还应该观察助人型客户情绪的变化特点。比如，他们往往会在周围人表示反对自己时情绪低落，即使这发生的并不多，或者在发觉自己并没有被重视的人所尊重时，而形成“恼羞成怒”的局面。正因为他们的情绪有类似的变化规律，因此你更应该极力避免这样的事情发生，从而在根本上抑制他们的性格弱点影响判断力。

观察他们的态度：一般来说，助人型客户往往喜欢同人“交心”，处感情，进而形成自己的小圈子。作为销售人员，如果能进入这种类型客户的小圈子，将是不可多得的良好机遇。你不妨观察助人型客户对待你的态度，如果对方始终只是限于商务上的客气，那么说明其心理弱点还并未“发作”，你可以利用的机会并不多。而当他们开始像对待同事一样对待你，在乎你的感受和看法，经常性地同你聊到更广泛和深入的话题，那么很可能助人型客户从奉献中有所收获的性格特征再次体现出来，而你所要做的则是在这种态度的提示下，进行更好的销售引导。

助人型客户其实并不难相处，只要每个销售员能够积极地观察和总结，相信他们的心理弱点并不会成为销售的绊脚石，甚至有可能成为销售关系的润滑剂和助推动力。

与助人型客户的沟通方式

尊重第一：人见人爱的“甜心”不可得罪

忽视尊重的 Ashley

接到公司上级指示，Ashley 负责同某集团副总经理郑先生讨论一笔培训服务的签单。在几次接触之后，郑总对他们的服务产生了一定兴趣，同时 Ashley 也给他留下了不错的印象。双方开始进入到具体的商谈过程中，包括培训的具体时间、地点、方式、规模和费用等。

因为需要了解到具体的培训细节，郑总安排人力资源部同 Ashley 进行签约前的谈判，而人力资源部的经理正在南方出差，接手这项工作的是年轻的主管 Lucy。她长相虽然普通，但总是带着可爱的微笑，看上去像刚刚走出校门的学生，连说话声音也乖巧可爱，同时语速相当快，让人感到她的伶俐聪明。

Ashley 对同 Lucy 的谈判信心满满，他感觉自己作为一名销售老手，“搞定”这样的年轻客户还是手到擒来。有这样的想法，在谈判中，Ashley 就渐渐变得趾高气扬起来，他认为郑总既然心属这个项目，Lucy 这样的人不可能起到什么真正作用，于是，在很多培训的具体细节上，Ashley 开始自说自夸，即使 Lucy 反复提醒，他也坚持自己的看法。

几天后，Lucy 向郑总作了报告，她认为，同 Ashley 他们公司进行合作的基础并不牢固，相反，她认为同另一家公司合作可能更有收获。在她的报告后面，密密麻麻跟上了其他部门领导的签名。郑总最终无奈地取消了合作，Ashley惊讶地得知后，半天说不出话来。

副总心仪Ashley的项目，并不代表正式签约，在合同上签好姓名盖上公章之前，任何事情都并不算数。虽然Ashely也知道这点，但过多的自信导致他忽视了Lucy这样的“大众甜心”。其实，只要他稍微注意一下Lucy的言谈举止和脾气秉性，再加上她年纪轻轻就能在人力资源部这样重要的部门担任主管，他就应该明白，Lucy正是我们所不应也不能得罪的助人型客户。

这样尊重助人型客户

数据显示，助人型客户在一个集体内担任高级领导的并不多，但中基层领导中比例相当不少。销售代表往往容易有这样的倾向，对于有拍板权的客户代表相当重视，而忽视了身为中基层领导的客户代表，事实上，他们有时候能发挥的影响却更多。因此，你应该学会这样尊重助人型客户。

尊重他们的善意：即使助人型客户向你表现出质疑，或者提出意见，其出发点和表现形式也往往来自于善意，即如何提升你们双方的合作可能。这是因为他们只要能同你接触，就乐于看到双方能站到双赢的位置，取得合作的基础。如果你粗鲁地拒绝，因为对方地位或者职务的原因，忽略了背后的善意，那么，助人型客户的报复也是毫不留情的。

尊重他们的地位：如前所述，助人型客户或许在团队内扮演的角色并不举足轻重。但由于他们的性格原因，经常付出心血给集体的他们，更渴望获得他人的认可，即使你是团队外一员，只要想同团队合作，都应该将他们当做集体中的核心加以尊重。这意味着你认可了他们的角色，更支持他们的性格表现，当他们感受到你发自内心的尊重，也会用自己的付出默默回报。

尊重他们的思考：助人型客户很少把自己的思考建立在个人利益的周

围，这是因为他们总有这样的想法，即“我带给团队这些，因此我快乐”。在这样的执念影响下，他们容不得别人对自己的思考有些许不尊重，稍微重一点的批评，或者稍微轻视的态度，都会引起他们的失落感，并形成反弹的力量。

尊重客户是销售者基本的素质，然而，对于助人型客户来说，尊重不仅仅是礼貌用语和客气姿态，了解他们需要怎样的尊重，你们才能最终走到一起。

人文关怀：在生活、工作中给予关注和帮助

回馈助人型客户：销售代表 Rose

A 公司销售代表之一 Rose 已经是本周第三次来到公司了，然而，接待她的前台蒋小姐还是遗憾地对她摇头说道：“抱歉，老总今天还是没回来。”Rose 只能苦笑一下，同蒋小姐攀谈起来：“怎么欧总老是出差呢?”看着装出一脸愁容、同样是年轻女性的 Rose，蒋小姐觉得很是同情，她说道：“其实，你是不太巧。今天老总是真的出去了，前两次，是……”说到这里，她故意停止了叙述。Rose 马上明白，一定是对方内部的看法不一，有人“安排”让她无法顺利见到老总。

Rose 掌握了这个情报，立即展开了自己的对策行动。她先是迅速了解到欧总的行程，然后找到其他客户，托关系同欧总见面，第一次接触以后，Rose 发现欧总其实对业务很感兴趣，感觉把握会相当大。

又一次来到客户公司，Rose 特意带了一小瓶精致的香水，她经过前台时，悄悄地放在蒋小姐的桌上：“妹妹，看你们公司这么忙，大概逛街时间也不多吧。这款香水虽然不是名牌，但效果不错哦。”其实，Rose 早就发现蒋小姐的前台办公桌上有着好几根化妆棉签和小眉笔，看得出来，她

是那种把化妆当成爱好的女性。

蒋小姐高兴地道谢，收下了礼物，从此后，在客户公司 Rose 多了一个“眼线”。最终，她完成了这笔订单的签约。

如果发现对方团队内有着助人型的角色，那么，不要犹豫，一定要想办法同他们产生良好的互动关系，相信很快，他们助人为乐的本性就会爆发，基于同情和善意从而向你伸出援手。当然，为了回报他们这样的善意，你随之而来的不应当是冷漠，而是投桃报李的回馈。

这样回馈助人型客户

虽然助人型客户的本意并非为了索求回报，但正确的回馈能够激励他们进一步和持续地帮助你，因此，做好对他们的关心，将能够带来更多的意外惊喜。从下面三个方面，你将做到正确地回馈助人型客户。

郑重地回馈：让对方感觉到他对你的重要性，这是回馈的本意。回馈助人型客户不需要过于厚重的礼物和谢意，而是为了让他们感受到你对他们的看重。这是因为助人型客户之所以把助人当做乐趣，就是为了体验那种通过帮助别人而彰显自己重要性的感觉，当你用诚恳的态度进行回馈时，他们的这一动机得到强化，因此会继续对你的帮助与合作。

周到地回馈：回馈如果不周到，就无法让助人型客户有所感觉。他们的习惯思维就是通过周到地为他人着想而寻找价值，那么自然也喜欢同样被别人所看待。因此，案例中 Rose 根据个人特点，为蒋小姐选择礼物，就成了非常得体的一个销售步骤。我也经常告诉学员，对于助人型客户，你一定要像对待情人那样，周密地考虑他们在生活和工作上最关键的需要，从而保证从最好的角度切入，让他们体验到被回馈的幸福感。

快乐地回馈：回馈助人型客户是一种发自内心的快乐，而不应该表现成为草草了事的手续。如果是后者这样的应付态度，那么回馈行为的意义会大打折扣，甚至不如无所行动。助人型客户在帮助你的过程中收获快乐和满足，他们也希望能看到你是在同样快乐地回馈他们。因此，在回馈对方时表现得更热情和满足，是正确回馈这种客户的不二法门。

助人型客户如果能收到你的正确回馈，无疑是在第二次体验帮助你的快乐，利用好这样的机会，将能够提升你在客户内部的影响力和分量。

与助人型客户的沟通忌讳

冷漠不吭声：置对方于尴尬境地

沉默的伤害：销售经理 Jake

销售经理 Jake 负责一款新型工业润滑剂的市场推广，在经过一番工作后，他获得了来到某企业进行现场展示和交流活动的机会。通过协调和准备，Jake 准备好了这次展示会的具体细节，等待一举成功，说服公司的上下领导和工程技师们。

展示会在 Jake 热情的介绍中拉开了序幕，前来参加的客户公司上下领导聚精会神地聆听着技术人员对产品的介绍、观察着现场试验中产品的表现，不时地交换意见。Jake 抽空观察着客户中公司高层领导的看法，期待他们能够对产品留下深刻的印象。

展示暂告一段落后，客户开始了自由提问阶段，从对方的副总开始，直到中层的分管领导、技术部门的工程主管，纷纷提出了自己的问题，Jake 和手下的销售代表、技术员工对这些问题进行了详细的回答。

展示会结束后，客户公司的员工纷纷离席，Jake 忙着去和对方副总交流，急急忙忙地收拾了下材料，就向外走去。正在此时，一位身穿工作服，看上去并不起眼的中年人谦逊地笑着，走到展台前问道："请问，贵公司的产品在黏合时间上有没有超过H公司产品的性能？我非常想了解这一点，因为对我手下的一线工人来说很重要。"

虽然这位中年人态度很诚恳地提问，但Jake的心思早就飞到了对方副总的那边，他点了点头，随便说了两句，便迅速离开了展台。

这件小事Jake很快就忘记了，然而，不久之后，副总通知他，正是因为那位中年人表示了明确的反对意见，他们的产品最终没有被公司高层所接受。通过侧面打听，Jake才明白，那位中年人是公司老总最信任的手下，主管第一线的技术研发工作，同时，他也是公司里上下闻名、没有私心的"老黄牛"。

这样同助人型客户交谈

助人型客户向来在公司内以勤恳的面貌出现，他们总会及时解决所有人提出的问题，并从中得到自己的满足感。正因为如此，他们也希望自己提出问题时，能尽可能获得同样的重视，并得到实际的解释。因此，销售者在同助人型客户交流时，应该能及时发现他们的存在，并找到尊重他们的方法。

展露愿意合作的态度：对于助人型客户来说，看到你的合作态度最重要。一旦你能够积极地通过表情、语言或行动来展示自己的合作兴趣，就能够让他们重视同你的交流，继而重视你的产品或服务。反之，就算情有可原，一旦你冷落了助人型客户，他们也会因为自己处在不受重视的地位，而放弃合作的可能。

解决疑问最重要：助人型客户经常把周围人的利益和整体利益放在首要位置，也正因为如此，他们对于产品或服务的疑问也就比其他类型客户更多。为了彰显出对他们的足够重视，你必须及时解决他们的所有疑问，并尽可能做到完美。

留出下一个步骤：助人型客户的疑问或许无法当场得到最好的答复，但这并不代表他们会忘记这些疑问，更不代表他们会忘记自己被忽视的感受。为了避免出现这样的情况，销售应该在接触助人型客户以后，通过交谈为他们留下更多的选择和余地。比如，告诉他们这些问题将可以在何时何地得到具体答案，或者诚恳地采用语言道歉，并期待获得他们的等待……

不管怎样，没有人喜欢被沉默地对待，而这一点对于助人型客户来说，则是相当重要的原则底线。

不当一回事：这个客户可有可无

无所谓要付出代价：没有不重要的客户

Tony 是一位高档房产销售代表，经常同身处社会高层的客户们打交道。有一次，某位身穿普通夹克衫、骑着电动车的老人来到了售楼处。他走近小区的模型，仔细地观看起来，Tony 此时正在忙着和另一家客户交谈，便暗示其他销售人员先去为老人做做介绍。

等送走了这家客户，Tony 发现老人还是没有离开，他便走到模型旁边，询问老人的要求。老人微笑着点头，说："你们的房子挺受欢迎啊，我的事情，是不是打扰你们了？"

"没有，没有。"Tony 带着职业性的笑容说，"我们欢迎所有人来参观我们的小区。"

虽然这么说，Tony 却发现老人穿着的确普通，甚至带有几分寒酸，他在心里嘀咕："估计是附近哪家退休的老人，闲着没事来这里玩的吧。"这样，随之而来的介绍，也变得简单了一点。对于老人的问题，他也只是用最程序化的方式来应对。

因为没有得到详细的信息，老人多少有点失落地离开了售楼处。Tony很快忘记了这件事情，第二天，上级打来了电话："你知不知道，昨天×集团老总的父亲去了你那里？"

"什么？怎么可能？"Tony完全摸不着头脑。经过上司描述，他才从记忆中想起昨天那位慈祥的老人，原来，这位老人把儿子多年来孝顺的钱积攒起来，想买一套高档别墅送给儿子，没想到Tony的无所谓，放跑了这条"大鱼"……

无论客户看起来如何，只有当销售人员真正用心去关怀客户、理解客户，同时想方设法去体会客户的心情，了解他们的想法，同他们共享信息时，他们才会和销售人员产生一致的感受，从而变得真诚友好。而对于助人型客户来说，其实上述步骤更容易实现，只要你表现出一定的善意，不那么冷若冰霜，就一定能让客户感受到你的热情和自信，从而推动销售的进程。

这样重视助人型客户

助人型客户希望被他人重视，因为他们始终在重视他人。销售人员不妨试着用以下的三种途径，去表现好自己对助人型客户的重视。

更加热情的态度：助人型客户本身对他人、对外在世界都充满了热情，因此，他们也希望被其他人同样热情地对待。由于性格原因，并非所有销售员都能达到助人型客户的"热情"标准，从客观上来说这也无可厚非，然而从主观上来说，这一定会让对方觉得你相当冷漠而难以接触。因此，试着带上愉悦的笑容，将助人型客户想象成为你的家人，从而达到自己最热情的状态，满足助人型客户的情感需要。

更加开朗的行为：助人型客户的行为常常并不拘谨，因为他们认定自己的行为将带给他人充分的收益，因此总是能理直气壮地加以完成。而销售员如果无法开朗明快地推进自己的销售，只会按部就班地推进，或者如同话术教科书那样使用职业味十足的销售话语，会让助人型客户觉得很难有沟通的余地，从而产生被忽视的感觉。因此，采用同助人型客户类似的行为模式，能让他们感到更加亲切友好。

较慢的语速：为了体现你对助人型客户的尊重，较慢的语速是必要的，这是因为助人型客户虽然平时语速较快，但在沟通时常常为了让别人听清楚，而有意放慢自己的语速。因此，他们也习惯听到销售人员在同他们进行具体谈判时，能用更稳重的语言节奏进行，而不是“敷衍了事”地快速讲完。

助人型客户喜欢给所有人尊重，也希望自己得到更多的尊重。不要忽视了他们这方面的需求，否则你失去的很可能是一笔大订单。

谈判宝鉴

良性互动：以听代说多附和

会听话的销售代表：好听众 Fred

Fred 同第二人民医院的老客户代表陈主任约好，中午休息时在茶馆谈谈下次合作的可能性。Fred 做的是医药销售，经常同客户代表们进行这样的互动，虽然花钱不多，但通过这样的形式，相处变得越来越和谐默契。

陈主任非常热心，在医院是著名的“大哥”。他一坐下，就直嚷嚷天热，然后又叫来服务员，非要换掉Fred跟前的那杯饮料，改成冰咖啡。Fred一边道谢，一边问道："陈主任，最近工作忙吗?"

"忙啊，最近一是在忙着参加省卫生厅的评比，二是在搞新进人员的考评，三是在内部科室的大比武……"陈主任话题一开，就说起来没完。接着，他又扯到了自己家的忙乱，从孩子高考，说到父母的身体。Fred一边认真听着，一边不时地插进几句话，表示着附和，还给陈主任的计划和安排叫好。

陈主任喝完了饮料，也说完了自己的烦恼，他反问道："最近你发财了吧?"

"哪里哪里。"Fred说，"我碰上点难事，最近的新药销路很不好，可麻烦了，这不就想到您老哥了么，特地来碰碰运气，没想到您这么忙……"

"别见外，兄弟，我们又不是第一次合作了。来，介绍下吧。"陈主任回答说。

最终，Fred顺利地从陈主任那里拿到了订单。

看起来，Fred似乎只是听了听老客户陈主任的"苦水"，就找到了推出产品的机会。其实，这只是Fred工作能力的集中表现而已，他的能力表现在并不以长篇累牍的说话来吸引客户，而以成功扮演倾听者的方法，让助人型客户得到较好的体验感，从而获得了客户的关注与重视。

这样了解助人型客户

助人型客户需要爱，所以他先需要付出自己的爱，之后再得到别人的爱。在这样的过程中，他们难免会让自己受到不少压力和委屈，因此，他们经常会处于愿意付出而并不开心的状态中。对于这样的客户，销售者需要去了解他们，而并非是完成你们之间的公事而已，须知，助人型客户最重视的是人，而不是事。

打开话题：助人型客户往往在意别人的想法，而自己并不总是会倾吐。因此，销售者如果能适当地创造环境气氛，去帮助他们打开话题，讲述出自己内心的压力或者苦闷，将让助人型客户感受到轻松愉悦的感受，同时得到较好的满足感。养成习惯后，助人型客户会因为自己经常接受销售者的“帮助”而产生亏欠感，继而会为这样的亏欠感来购买产品，回报销售者。

仔细聆听：在助人型客户倾诉的过程中，销售者不要因为他们投入的认真程度、较快的语速或者过多的内容而退缩，相反，你应该始终保持认真聆听的注意力，从而显现出你对他们的关心。试想，如果你打开了对方的话题，却急于结束，或者放松了注意力，都会导致助人型客户的失望，效果反而事倍功半，毫无意义。

适当附和：助人型客户对身边人有着关切和爱意，但这种爱意很多情况下会变成控制欲，他们往往会非常喜欢那些懂得回报的人，而讨厌那些不知道对他们的关爱感恩的人。销售者在谈话中，对于助人型客户的倾吐，不需要进行太多的个体思考，也不需要提出什么反对或创新意见，只要进行适当的附和，表示同意他们的看法，关注他们的感受，助人型客户就会体会到充分的被回报感。

销售需要能说会道，但更需要能听。相信在同助人型客户之间的交流过程中，做一名忠实的好听众会让你受益匪浅。

展示优点：让客户第一时间看上你

“亮剑”永远别太迟：第一时间吸引客户

作为服装店的销售代表，Jude养成了第一时间吸引客户的习惯，尤其是对于那些喜欢听从身边人意见的客户，Jude更是关注他们的注意力是否能被自己正确吸引。某天，一位年轻靓丽的女生小鸟依人地同男朋友牵手走进店内，只见他们并没有和服务员交流太多，而是自顾自地在店内走来走去，徘徊在衣架前。

见此情景，Jude站在他们两三步的距离，她观察了一会儿女孩，发现她每件衣服拿起来看看以后，都要问一下身边的男友，还听见她说："穿这样的衣服，不知道对公司形象会怎么样？会不会破坏工作气氛？"看来，这是位助人型的客户。于是，Jude很快挑选起两件适合她年纪的衣服，站到他们的面前说："小妹妹，你看，这样的两件衣服，你穿起来肯定很搭配这位帅哥。"听见Jude这么说，女生高兴地笑了起来，她接过衣服，对着镜子看了看，获得了男生的肯定后，很快走进了试衣间。

最终，这对情侣在店内大大地血拼了一把，Jude像顾问一样忙前忙后，为她分别挑选了适合和家人、和同事、和男友、和闺蜜搭配的衣服，当然，也没忘记给她自己挑选最好的饰品。临走时，女生高兴地说："美女姐姐，谢谢你！"

如果放任这样的情侣客户自己挑选而不做销售努力，很可能销售者面对的最后结果是失败无疑。然而，Jude的主动出击，及时"亮剑"，让对方寻找到通过购买来实现对周围人的付出，而获得很好的消费体验，最终实现了销售目的。通过这个案例，后来做过我下属的Jude开始明白，无论面对怎样的客户，只要抓住他们的性格特点，就能吸引到他们强烈的注意目光。

这样向助人型客户展示

当你要向他们展示产品时，请千万记住，助人型客户的注意力并不仅仅为自己而集中，只有能够碰撞到他们心灵中最重视的部分，他们才会为你和你的产品投来专注的目光。因此，我们必须学会这样向他们介绍。

强调产品的社会功用：助人型客户喜欢通过自己的努力付出来融入社会，因此，你如果能一开始就抓住产品的社会功用，比如，能给别人带来耳目一新的感觉，能够让自己身边的人更加开心，抑或让整个团队更成功等，将很明显地让对方在心理上向产品打开通畅的大门。助人型客户喜欢各种能“讨好”周围人的产品，而这就是你应当强调的产品功能。

展示优点而不是特点：与其反复向客户介绍产品的特点，强调它们与其他产品有何不同，不如直接说出产品的好处。助人型客户希望自己有拿得出手的东西来给予别人，而并非有标新立异的东西让他人感到无所适从或无法接受。所以，一开始就应当直接说出产品的优点，帮助助人型客户进行符合他们性格特点的联想。

一开始就抓住身边人：在吸引客户注意力的同时，请不要忘了从一开始也要抓住客户身边任何人的注意力，即使对方只是可有可无的角色，他们的感受和意见，在此时很可能也会让助人型客户感到相当重要。我有一位学员，曾经向某公司高管推销办理小额的信用卡，而在他的劝说下，这位高管仅仅是打电话问了一下家里的老保姆，就欣然同意了，理由是保姆在电话里听了这位学员的介绍，明白了信用卡可以让自己不用携带太多现金出门采购。

兵贵神速，而对于面向助人型客户的销售谈判来说，这点更为重要，当他们在越短的时间内明白产品将带来什么，他们将越容易下定决心。

雷蒙·A. 施莱辛斯基在谈判桌上如何让客户成全了自己

曾被列入全美十大杰出推销员的雷蒙·A. 施莱辛斯基是美国著名的营销大师，同时，他也是全美公认的最佳保险经纪人。下面是他在早期从事推销工作时向一位“助人型”客户推销纯水机的故事。

雷蒙·A. 施莱辛斯基在了解了将要拜访的那位客户是属于“助人型”的性格后，就带着签单满怀信心地启程了。那位客户是一家水产商店的老板，刚一见面，雷蒙·A. 施莱辛斯基就很热情的打招呼：“先生，您好！”

“你是哪位？”这位老板对他一无所知，询问道。“我是JR纯水机公司的雷蒙·A. 施莱辛斯基，今天我刚到贵地，有件事情想请教您这位远近闻名的老板。”

“什么？远近闻名？”老板似乎有些不相信这样恭维的话。“是啊，根据我掌握的资料，大家都说您肯定能够很好地解决这个问题，而且我听说您特别喜欢帮助人。”

“哦！大家这样评价我啊！真是惭愧啊，到底是什么问题呢？”打开了这个话题，雷蒙·A. 施莱辛斯基继续道：“实不相瞒，我是来询问一下贵地对纯水机的使用情况的。”

“哈哈，这样啊，站着谈不方便，请进来吧！”老板很热情的邀请雷蒙·A. 施莱辛斯基进屋了。在仔细地询问了这一地区对纯水机的情况后，两人的关系也有了进一步的提升，进而，雷蒙·A. 施莱辛斯基向这位乐于助人的水产老板推销了自己公司的产品。有了前面的铺垫，这一生意进行得很顺利。

不仅如此，雷蒙·A. 施莱辛斯基还利用他们之间建立起来的信任和好感，让这位好说话的老板帮他在这一地区进行纯水机的推销，并且也进行得非常顺利。

案例分析

我们知道，作为一个推销员，最尴尬的问题莫过于当你提出自己是个推销员的时候，客户会毫不留情地将你拒之门外。而在此例中，雷蒙·A. 施莱辛斯基作为一个超级攻心高手，准确地利用了水产商店老板“助人型”的性格特点，以寻求帮助为名，顺利通过第一关，并迅速取得了该客户的信任和好感，进而借此契机向客户推销自己的产品。此外，在推销成功后，他又“人尽其用”，还让顾客帮他推销产品，真不愧是世界顶尖级的销售员。

案例总结

对于销售员来说，“助人型”客户相对来说要好对付一点，由于本身的性格特点，这种类型的客户往往会“爱心泛滥”，主动帮助别人。作为销售人员，我们可以利用客户的这一“弱点”，在他们面前稍微“示弱”，以博得他们的同情心，这样，销售谈判工作就能够顺利进行了。而且，如果对这种类型的人稍加赞美，那么会更容易获得他们的帮助。但是，必须谨记一点：对于善良的人，我们也要以善良的心对待，不能觉得对方好说话就“欺负”对方、恃强凌弱，那样，必然会导致谈判的失败。

“解决”助人型客户话术示例

• 与助人型客户交流，一定要尊重对方，不要觉得对方乐于助人就藐视对方。

例如，“十分感谢，如果没有您的帮助，我们真的无法完成得这么出色。”

• 与助人型客户交谈，一定要热情，不要以冷漠相对。

“您好，欢迎您来指导工作……”“您现在面临的问题是……我们提出的方案是……”

• 与助人型客户交往，一定要学会回馈对方，不要用完就丢开。

“感谢您对我们公司的支持，这次来是免费维修的。”“您上次购买的产品用的怎么样？还好用吗？”

• 与助人型客户谈判，一定要学会展示自己，让对方认可你、帮助你。

“我们的产品优点在于……这样使用起来非常方便，能够为顾客节省大量的时间。”

第四章

3号成就型客户：说什么也不想输的人

如何辨识成就型客户

人物素描：通过眼神、表情、姿势、语言、语速看人

成就型客户代表：外企销售总监 Vicent

销售总监 Vicent，接近四十岁年纪，身材适中，这个年纪常见的肚腩在他身上根本看不见。他总是穿着光鲜的名牌西服，戴着高档的腕表，永远保持着手机、平板电脑的更新换代。

Vicent 总是最早到办公室，他能够在夜里两三点坐飞机赶回总部，而第二天八点多又神采奕奕地出现在会议桌前，气色看起来一如往常，让所有人怀疑他究竟使用了什么样的护肤品甚至是兴奋剂。在开会的时候，Vicent 口若悬河，用各种各样精彩的形容词，巧妙地把自己的思想灌输给下属，而当发现下属们情绪不高时，他又能像脱口秀演员一样说出种种段子来，惹得大家哈哈大笑，而在笑声中 Vicent 流露出充分的成就感。

在面对属下单独布置工作时，Vicent 总是靠近对方，双眼盯着下属，频频点头，流露出夸张而煽情的神色。“你做得很好，这样你迟早会成为百万富翁。”“上个月我的那个单子赚了十几万的提成……”他总是这样一方面鼓动下属，另一方面情不自禁地谈论自己的成功。

Vicent 是我认识的最典型的成就型人格之一，对于他来说，世界是一

个无法退出的竞技场，而每个人生存的目的，是为了证明自己不是弱者。成就型人格做事的目的非常强烈，那就是为了满足他们自己的野心和虚荣心。因此，成就型人格也往往并不难以被观察和判断出来，其实，他们甚至渴望被你迅速发现出追求成功的特点。

这样辨识成就型客户

怎样从“庸庸碌碌”的人群中辨识出我们的成就型客户？其实，只要同他们相处十分钟，你就能发现他们的人格特点了。

外表和气质：通常，成就型客户的目光相当集中，看起来似乎很像传说中武林高手的“双目精光暴射”，这种目光既给了外人充分的印象，也能激励他们自己充满干劲和自信。而成就型客户的表情也相当有特点，一般来说，他们无法学会那种冷静理性不动声色的态度，而是始终带有情感的流露，有时候你会看见他们哈哈大笑，而有时候又会发现他们莫名其妙地陷入沮丧，别奇怪，其实这一切都和他们的成就是否达成有重要关系，甚至和他们身边的人是否成功有重要关系。

语言和词汇：成就型客户的口才是相当出色的，他们很少说无关紧要的话，像“你的孩子”“你的车”“你的房子”这些本来可以温情脉脉的话题，从成就型客户嘴里说出来往往像一种财富和实力的评论。同时，他们说话声音从不会低沉和暗淡，相反，较高的声调、较响的音量，会让他们迅速成为谈话的中心，以至于他们会逐渐养成不在谈话中心就想离开的坏习惯。同时，他们的语言还喜欢分享，无论分享自己的成功，或是分享他人的成功，都能让他们感到相当兴奋，不断赞美别人的成功，如“是的”“真好”“太棒了”等，几乎可以让他们也想象并体验到那样的成功。

日常行为：成就型的人往往是人群里最有精力的那个，当其他同事渴望下班的时候，他依然像没事人一样埋头苦干，往往最后一个关掉写字间的灯。而当他成为领导后，下属们往往被他疯狂的干劲所鼓动，跟着他奋力工作，并创造很好的业绩。成就型的人觉得，带给别人成功，就是对他最好的回报，因此他自己必须要追求更高的工作效率，追求到自己通过成功所获得的别人的爱。也正因为如此，在参加各种活动时，成就型客户往往能保持最好的自我状态，并联想到以往的成功案例给自己打气，通过自己出色的社交才能，成功地推销出自己。当然，在这个过程中他们也会表现出不可一世、自我吹嘘，甚至不择手段，但他们真实的目的不是为了欺骗，而是为了通过成功获得自我和他人的肯定。

成就型客户崇拜成功者，从他们身上做下成功的一笔签单，会让他们将你视为同类，所以，你应该先学会对他们从以上三个角度做观察，接下来才能发现打交道的方法。

 穿着特征：爱名牌、爱地摊货要分清楚

找区别，不要傻傻分不清楚

Amy是我同学公司里的人力资源部经理，她虽然并不算天生丽质，但对于衣着品牌却有着相当的讲究。

和大部分女性一样，Amy喜欢时尚精美的服饰，无论是哪个季节，Amy的打扮总是紧跟着时尚杂志的潮流，比天气预报的准确度还要高。据她身边的女同事介绍，Amy虽然穿得很讲究，但她并非是容易被冲昏头脑的“血拼族”。有时候，她会眉头不皱地在LV、CUCCI、PRADA等品牌上一掷千金，也有的时候，她会在街边小店淘到一两件价廉物美的衣服，并引以为豪。

其实，Amy喜欢的并不是衣服，她从穿着上得到的是非同一般的成功体验。同她关系最好的朋友小安说：“每当Amy穿着一眼就能认出的品牌，让我们赞叹不已时，她脸上的表情充满了成就感带来的快乐；而当我们把

她从街边小店淘来的地摊货误认为品牌服饰时，她又为自己的眼光独到而高兴不已……"

成就型客户最明显的区别，还是他们对于服装的独特讲究。对于成就型人格来说，很多价值都是"空"的，既看不见，又摸不着，如果不能反映到具体的事物上——比如精美的衣料、新颖的款式、他人羡慕的表情等，那么这些价值又有什么意义呢？因此，成就型人格的衣着表现就是尽量去与众不同，成为焦点，他们既不是品牌的死忠，也不是地摊货的拥趸，而只会忠实于自己的成就感。

这样观察成就型客户

作为销售者，你必须对很多事物保持入微的观察力，同时扩大自己的知识面。比如，对于成就型客户的独特穿衣品位，如果缺少相应的必要知识，恐怕就无从发现，也会因此而错失对他们性格的判断能力。因此，你可以从以下几个方向来提高自己的观察能力。

熟悉之前先观察：第一次接触客户，你当然无法同他太过熟悉，因此，这个阶段中不妨在谈判接触的空隙，适当观察他的衣着细节。比如，注意他西装是否贴身，观察其面料的质地，或者注意西裤的皱褶程度；再比如，讲究穿着的人如果戴眼镜，那么对于眼镜架的材质会比较重视，而这一点在成就型客户身上会反映得更加明显。无论如何，观察是熟悉的开始，而观察到正确的细节，才能拥有发现成就型客户的慧眼。

熟悉之后的谈论：到了第二次或第三次接触客户，彼此已经有了一些共识，可以作为熟悉的跳板时，不妨试着同他谈论一下衣服的品牌。比如，赞美对方挑选衣服的独到眼光，而不要只是赞美衣服的价位，或者认可对方的气质独特适合衣服，而不是单纯表示对他所拥有衣服的喜爱，等等。归根结底，谈论衣服应该归结到谈论客户的优点上去，这会让他感觉非常贴心舒适。

注意比较：对于成就型客户，一味地赞美其衣着并没有太多实际意义。与其说上几句不着边际的夸奖，不如将他的穿着同其他人进行有效比较。比如，“我们公司的同事也穿过这件衬衫，但是效果差远了……”类似的比较既显得无意为之，又能够很好地突出成就型客户的不凡之处，也能因此带来更好的谈判气氛。

衣着虽然只是外表，但往往折射出人的内心，读懂外表，相信你很快就能走进成就型客户的内心世界。

与成就型客户的沟通方式

降低身段：抛开自己的身份、地位，让对方小有成就

自降身份的经理：销售经理 James

James 是我最好的朋友之一，担任某金融投资集团的销售经理，某次，他来到我的培训课上，同大家分享了下面的故事。

当时，James 是世界五百强之一某企业的华东区副总兼销售经理，手下有几十名销售骨干，而管辖的六省一市地区也让他工作格外忙碌，收入自然不菲。某次，他的得意属下 F 打来电话，说原本一家关系很好的客户，因为这次换了基层的工程师，结果很可能对公司的产品进行更换，停止合作关系。F 已经走访了该客户的好些高层领导，然而他们都一筹莫展——这位工程师是董事长直接从美国请来的，虽然行政上毫无权力，但技术上绝对是他说了算。等找到这位工程师，无论 F 采取怎样的沟通方

式，他都不愿意深谈。

James 听完情况介绍，便让 F 安排了一次晚宴，他亲自写了一封请柬，让 F 送到那位工程师的办公室。请柬上的口气谦卑十足，用“请教”的名义，加上“老师”的头衔，约这位工程师出来坐坐。晚宴上，James 根本没有半点副总的架子，他频繁地询问对方对于工程和产品的看法，还不时地掏出笔记本记录，接着又尊称对方为老师，频频举杯敬酒。到最后，工程师被他的诚意感动了，说：“其实，我这次回来，是想做好事业。如果有人掣肘，我肯定不愿意做下去。老实说，你们的产品可以用，但如果拿上面人的意见来压我，我绝不会考虑。现在，没说的，准备继续合作吧！”

就这样，James 用自己的尊重加一顿酒，又换来了价值几百万的合作订单。而他的下属之所以没有能做到这点，并非工作态度的问题，而是根本没有考虑到这位工程师的需要——他需要的并非什么高难度的实质内容，而是需要来自于销售方对他成就的认可，对他地位的重视，对他与众不同身份的突出。

这样抬高成就型客户

成就型客户崇拜强者，而不愿意做弱者。因此，他们非常需要别人对自己有高程度的肯定，乐于看到自己优秀、成功和非凡的一面，体现在周围人面前。更不用说客户本身就将自己放得比销售高，商务谈判中，他们这样的心态会更加明显——哪怕他们只是一个行政上的小角色。

不妨从以下几个角度来抬高成就型客户的地位，让他们有更好的感受。

第一印象的肯定：如果你的第一印象就能让客户感受到你对他们成就的肯定，他们自然能够对你有更多的好感，起码也能够给你更多的时间，来推进你的销售进程。因此，销售人应该能在谈判一开始的时候，就准确而敬仰地称呼出客户代表的姓加头衔，而这种头衔的称呼自然很有讲究，适当情况下，称呼高点会让对方感到更加欣慰，而反过来，他们也会欣赏能够成功留下良好印象的这种销售员。

用提问表示肯定：成就型客户往往都是自命不凡的，他们不喜欢被别人当成平庸者。因此，向他们介绍产品，或者介绍方案时，你不需要面面俱到，非常详细。虽然这一点在完美型人格的客户看来会比较周到，但在成就型客户看来简直是在嘲笑他们的理解力。因此，你不妨抓住简明扼要的重点加以阐述，等基本情况介绍完全后，可以让成就型客户来就他们关心的问题提问，同时还要记住在回答问题之前，用“好问题”“很犀利的观点”等表示你对问题的赞美。这样，成就型客户感到自己确实同别的客户不一般，心情会非常得意。

用动作表示肯定：没有成就型客户会喜欢同他们比成就的销售者。这是因为成就型客户内心都是自命不凡的，他们当然不喜欢别人出现来抢走自己的风头，相反，对别人主动来“衬托”自己的行动却非常乐意看见。比如，我的某位学员只要认识成就型客户，就会在下次拜访时很远便伸出手，嘴里喊着他的姓和头衔，小步快跑上去。每次这样的客户同一群人在商议事情时，都会被他热情的表现吸引走，而开心地微笑起来。再比如，我的另一位学员喜欢用所谓的泰国礼来肯定成就型客户，他经常在接到对方名片后双掌合十低头，然后解释说这是他在泰国工作时养成的对贵宾的习惯。当然，在做完这个礼节后，没有客户会忘记他。

成就型客户的肯定来自内心，当他们内心的美梦折射在你的现实行动中成为真实的一面时，他们一定会记住你和你的产品，并适时做出必要的回报。

提升效率：目标为本，注重形象和成功率

效率为王：用目标引导客户的 Carl

某软件公司的销售员 Carl，接到公司领导的要求，打算举行一次大型的产品展示活动，他们想到当地政府——工业软件园区来搭建这个平台。然而，该公司在当地的品牌号召力并不算大，如何说服政府领导同意，成为了 Carl 的首要任务。

Carl 从侧面打听了主管部门领导赵处长的性格，听说这位赵处长向来以能人面目出现，他毫无背景，仅仅三十来岁已经升任处长，完全是建立在自己的政绩基础上。于是，Carl 仔细考虑了一下，放弃了以前强调产品作用、推广产品效能的销售方案，因为他知道，对于赵处长这样的成就型客户来说，看重的是对自己有用的目标。

首先，Carl 给赵处长发了封电邮，简单介绍自己，并开门见山列出了三个好处：首先可以打造政府高科技招商引资的形象；其次能够完成本年度当地政府科技局的任务；最后还能够通过产品展示，有机会销售更多的软件产品，从而提高其他企业对工业园区的信赖度。

接到这封邮件后，赵处长很快安排了会面，在这次谈判上，Carl 更加直白地说明了他们公司的实力，并列举了过去的多次活动中，当地政府和主管部门领导所收到的良好评价，在 Carl 随身带来的照片、资料和奖状面前，赵处长听得非常认真。很快，他就同意了这次展示活动。

赵处长是典型的成就型客户，同其他某些人格不同，他非常有实干精神，如同赛场上的田径运动员，他明白自己想要什么、欠缺什么。因此，在同他们的谈判中，只要你能列举出合适的目标，他们就会如同追逐野兔

的猎犬一般急奔向前，而不需要你过多的口舌。当然，是否能帮助他们指出想要的野兔，才是你在谈判中最重要的砝码。

这样提醒成就型客户

成就型客户需要销售员在谈判中为他们指出目标所在，同时提醒他们看见产品对追求目标的帮助。必须要让他们明白，购买产品，可以获得更好的评价和成功。当成就型客户真正能搞清楚这一点，一定会以超出你预期的速度来毫不犹豫地完成购买行为。

直接描述作用：不同的产品形象，将带给客户不一样的感受。与其站在客观角度来看待产品，描述产品的功能、价位，不如从使用者的角度来描述产品。比如“这款手机非常适合您的身份，因为它尊贵大气的外表，可以让其他人马上看出您的地位”。而如果说“这是款最新的手机，功能齐全，代表最新潮流”等，对于成就型客户无异于隔靴搔痒、不知所云。

对目标正确理解：如果销售人员不知道客户的需要，就如同无的放矢，白费力气。因此，你必须在谈判之前，充分搜集必要的情报，而在谈判之中，通过询问，补充更多的信息，确认成就型客户的成就感主要来自于哪些方面，并据此了解他们的目标。很多情况下，如果你能说中成就型客户的心理，他们往往会有“引为知己”的感觉和态度。比如，你可以这样询问“您一定想住在能体现您工作成就和社会地位的大房子里吧”，会比“这种大户型的住宅，非常便于生活”更能冲击客户的心扉。

事先做好铺垫：当然，成就型客户虽然对目标很敏感，但事先不做任何铺垫，也无法引导他们进入追求成就的情境之中。因此，你必须先通过电话联系、邮件联系，或者通过直接的提问、陈述等，树立自己的形象，提高之后的沟通效率，从而刺激起他们对于成就目标的思考和渴望，然后再抛出你所理解的目标，当他们的思考和渴望指向这个目标时，说明你的铺垫已经到位了。

成就型客户喜欢有目标的生活，如果通过谈判，你能为他们树立起一个坚实的靶子，他们将很乐于接受你之后的建议。

与成就型客户的沟通忌讳

反应迟钝：拖拖拉拉跟不上对方脚步

失败的销售者：反应过慢的 Sara

Sara 接到任务，去某家公司同对方的后勤部何经理商谈新的一份签单，这是一份不小的订单，涉及对方公司新一年度的行政办公计划。

何经理看到 Sara，有点疑惑地问："怎么，不是老张过来了？"

他所说的老张，是以前公司安排的业务员，同何经理打交道已经有好几年，彼此比较熟悉。Sara 连忙解释，说老张被派到另一个大区，而且已经升职了，何经理点点头说："那么，你是新人？"

其实，Sara 并不是新人，公司领导已经在酝酿下一步对她的提升，但 Sara 一直是个低调的女生，她笑了笑，说："比起老张资历是要新一点。"这句话说完，何经理脸上流露出一丝明显的失落感。

等具体谈到产品时，何经理似乎对 Sara 所说的产品新性能并没有太在意，他忽然提到，对于使用他们的产品，其他部门经理并没有表现得很支持，最终要说服他们，才能获得签单。Sara 想都没想回答道："那么是不是需要向更高的管理层申请呢？您可以安排一下会面吗？"

这一次，何经理的失落感流露的更加明显了。最终，Sara 失去了这次签单的机会。

成就型客户总是自认为很聪明，事实上他们中大多数人也的确如此，因此，对于自己的反应力和思考力，他们经常引以为傲。不仅如此，他们在同聪明人竞争的时候，既有着不甘落后的心理，也有着惺惺相惜的情绪，而对于比自己反应慢的人，在他们看来就是"笨"。成就型客户会理所当然地认为，同这样的人打交道，对于自己的事业没有多少促进，更谈不上成功。从这个角度来看，何经理否定了这次签单，是顺理成章的事情。

这样跟上成就型客户

想要避免发生 Sara 那样的"悲剧"，你必须要学会同成就型客户打交道时必需的原则：随时警惕。因为成就型客户的人生里，最重要的是目标和效率，如果发现你很难跟上他们思维的节奏，那么放弃同你继续谈下去的可能就会越来越大。

适当抬高自己：想跟上成就型客户，你同他之间的地位就不能相差悬殊。一方面，你不能高高在上，否则会让对方有压迫感，但另一方面（往往被人忽视），成就型客户也不喜欢同资历过浅、过于低调的人打交道，因为这无疑中降低了作为谈判对手的他们表面的身份。因此，不妨和成就型客户靠近，提升自己的自信表现，用一些头衔和经历把自己武装起来，只要不显得高傲和盛气凌人，你就会得到他们的尊重和重视。

时刻关注压力：成就型客户对压力的感受很敏感，这大多源于他们从儿童时期开始，就能比其他人更敏感地发现来自学校和家庭的压力。因此，即使是这方面神经比较"大条"的销售者，也应该站到和他们相同的战线，去观察随着谈判深入，而凸显在成就型客户面前的压力，并帮助他们及时化解。否则，一旦让对方感受到产品有可能带来降低成就的风险，并累积成为重要压力无法对抗时，他们就会选择放弃谈判而保住自己的成就感。

跟上表现机会：成就型客户喜欢表现，然而，他们并不一定总是直接说出自己的地位、业绩或者名气，而是更喜欢对方“主动”表现出这些。因此，当他们布置好赞美的“舞台”，期待你的“参与”时，你一定要跟上节奏，强调对方已经取得的成就，并做好衬托的角色，等待他们的自我表现。如果错失这样的机会，成就型客户会感觉索然无味，而期待谈判的尽早结束。

成就型客户其实并没有外表想象的那么复杂，只要你把握住他们思考的规律和特点，就能在谈判中同他们游刃有余地交流，并牢牢获取制高点。

忽略成就：他那点业绩根本不算什么

不想当粉丝，客户也会不喜欢你

Danny是电视会议系统的销售总监，他经常在各大企业出入，认识不少各个行业的精英人物。某天，他同H公司的金总谈判，想借此确定一批产品的推销。

金总开门见山地问起了电视会议系统的性能和作用，Danny一一仔细做了介绍，看得出来，金总对这套系统还是相当感兴趣的。他自己列举了好几种会议类型，向Danny询问电视会议系统是否能胜任，Danny则按照产品的实际性能加以解答。

随着谈话的气氛轻松下来，金总的心情也变得好起来，顺着这款产品的特性，他开始说起自己在不同地点和不同客户会谈的经历，比如，几年前在澳洲如何一一说服了当地最大的矿主，上个月如何在日本借着泡温泉的机会搞定了他们的企业老板，还有怎样靠比拼酒量获得了内蒙古某个县政府在政策上的大力支持。

Danny虽然尽量让自己听下去，但他很快发现这些东西同双方合作的实质内容越走越远，很快，Danny完美型的人格开始纠结起来，他不太愿意继续听金总的故事，眉头也皱了起来，过了一会儿，他干脆直接拿出了资料，找借口打断了金总的谈兴。正在高兴地分享业绩的金总遭到了打断，当然也不太满意，双方在这样的情绪下继续谈判，而效果自然无法让人满意……

连十来分钟的客户“粉丝”都不愿意扮演，难怪Danny最后没有从金总那里拿到合适的订单。事后，Danny不乏后悔地告诉我，早知如此，他就重新扮演好一个崇拜和仰慕者的角色来对待金总了。我的回答是，有了这一次同成就型客户打交道的经历，相信下一次当他们需要肯定和赞美的时候你不会再逃之夭夭。

这样关注成就型客户

成就型客户希望被关注和比较，只有通过正确的关注比较，他们在你面前的价值才能充分体现，形成良好的被承认感觉。因此，销售者应该学会正确关注和评价成就型客户，以便得到他们更佳的评价，促成双方合作关系的深入推进。

注意对方的用词：当成就型客户开始频繁提到“我”的时候，将是他们展示自己业绩的开始。而在谈论生意业务时，他们往往会用“公司”和“我们”这样的代词。不要忽视这一点点小小的不同，很多时候，这就代表了成就型客户的情绪转变，当他们开始强调自我的时候，说明他们的内心正需要高度评价，而这时候如果不响起掌声，会让他们宛若从百尺竿头上一步踏空，可想而知其内心的沮丧和低落。

重复对方的业绩：当对方强调自己的努力带来怎样的业绩数字，或者建立起怎样的商业环境，得到怎样的荣誉后，你可以选择大声赞美，但更聪明的方法是重复他们所说的业绩。比如，重复他们的数字，并表露出惊讶的神情，重复他们的荣誉，并表现自己的羡慕等。当对方看见你的表情，听见你的重复时，他们会感受到你发自内心的肯定，从而确定自己在你眼中的价值。

将产品和业绩联系：销售者总是喜欢谈论自己的产品，而碰上成就型客户这种喜欢谈论自己的对手时，你必须学会将两者联系起来。当对方开始强调自己的成就时，你可以在重复或评价之后，加上一句"如果有我们的产品，您的成就将更加辉煌，当然，也会让产品更有影响力"。这样，双方的要求都获得满足，更接近于谈判的平衡点。

无论如何，你都不应该将成就型客户的感受置之不理，只有重视他们的想法，你才能够扮演好谈判桌上的"粉丝"，成为销售王国中的赢家。

谈判宝鉴

引出对手：给出正反建议

让他下定决心的正反两面建议

房产公司销售代表Alex，是我认识的一位相当聪明的销售者，他善于让客户开口，说出他们内心最真实的感受。

某次，Alex接待了一位穿着考究的中年男性客户，简单寒暄后，Alex知道这位客户姓薛，是一家外资企业的副总，在这个城市会长期工作下去。最近，他打算购买一处房产。由于在这边只是单身，他原来居住的是精装单身公寓，而现在薛总想把家人接来，因此必须要换较大面积的房产。

“那么，考虑到薛总您的社会地位和综合成就，我认为选择的置业，无论从居住环境，还是物业管理，都应该能体现出您的气质和价值。”Alex说道。

“嗯，不过，我现在还有点犹豫。究竟是买你这里的，还是买市中心那边的××花园。”薛总经过Alex的恭维，不知不觉说出真心话。

“我觉得，您可以有两种选择。”Alex帮助他分析道：“如果购买我们这里，离您的公司会相当近，花在路上的时间就少点，能帮您节省更多时间和精力去打理事业。如果购买市中心的××花园，您陪家人在市中心的时间会更多，当然，相应地，上班时间会拉长一点。”

Alex不动声色的“建议”，似乎触动薛总某根敏感的神经，十分钟后，他正式决定购买这里的房产。

在取得薛总的信任以后，Alex并没有一边倒地吹嘘本身的产品有多优秀和实惠，而是根据薛总自身的备用选择，给出两种截然相反的建议。然而，通过这种隐藏着销售目的的建议，Alex让薛总真正下定了决心，他是怎样做到的呢？其实，奥秘就在于正反两种建议所带来的刺激上。

这样刺激成就型客户

对成就型客户来说，平淡无奇的谈判过程，往往无法真正促使他们下定决心，而给出选择的情境，却能让他们感受到压力，体会到自己选择的意义。这其实并不奇怪，因为成就型客户天生就有压力上瘾症，他们面对正反两种不同情况时，会更加听从自己内心的呼喊，做出肯定的决断。

给出建议前获取信任：如何能让成就型客户相信你给出建议的立场？如果无法让他信任你，那么无论你的建议如何，对方都会不予考虑。因此，最好的准备是能够在给出建议之前，先让客户感受到你的诚意，同时营造出良好的谈判气氛，将销售引导成为一种基于客观事实的讨论。通过这种方法，将能够让客户平息疑虑，加强信赖，从而为之后的建议做够铺垫。

给建议过程应“中立”：成就型客户相信自己的判断力，因此，你不应当取代他们的思考地位，忽略他们重视的分析过程，甚至强行推销你分析以后的结果，试图达到销售目的。与此相反，你应该给出正反两面不同的建议，并将优劣点隐藏于其中，让对方有自行探索和思考的过程，最终达到你想让他接受的效果。这样做的好处是，成就型客户从该过程中更加深刻了解到购买的收益——促进他的成功。

找到合适的“反面”：为了衬托出“正面”即购买行为的正确，你还应该找到合适的“反面”来加以衬托。对于成就型客户来说，最好的“反面”应该是“虽然较合理，但无法推进成功”的选择。比如，“那款西服很不错，穿起来非常休闲，而我们的产品相比显得很职业化”“用我们的电脑明显对商务人士的工作效率有提高，当然，那款电脑的娱乐作用也值得重视”等。通过树立正确的“反面”，可以帮助客户下定决心。

成就型客户喜欢思辨的过程，不妨通过设计正反两面的方案，迫使他们说服自己，克服障碍，顺利完成销售。

故作投降：先让对方成功

示之以弱：成功者无法拒绝要求

某个业务大厅内，一位销售代表小A正向某位客户推荐他们的产品。

“你好，这款业务中的合约机是我们公司最新的产品。我之前观察您店里生意不错，每天中午和晚上的客户很多，加上您的收银员好像经常变换，业务不太熟练。这样很有可能会导致对客人的观察力度不够，造成订单或服务上的疏忽。您看，是不是可以考虑购买我们这款产品，提高服务保障?”

然而，带有老板架势的店长并没有同意他的说法，而是回答道：“我的店员们还是很负责的，我想就算了吧。”虽然这位销售员似乎还不大甘心，但他找不到机会推进销售，只能悻悻地离开了。

这是我亲眼目睹的一次失败的销售案例，其实，销售员如果从外形和气质上看出店长是成就型人格，他可以换一种说法：

“您好，您的店在这里算经营得最好的，客人又多，收银员也忙得不行。都是卖东西的，您实在太厉害了!”

“哪里哪里……”（虽然口头不承认，但内心很快乐）

“如果用了我们的产品，您会有更多时间来提高营业额，不必担心那些搞不过来的服务问题以及被打爆的电话……”

“是真的吗？我很想看看。”（对更加成功的期盼）

如果采用这样的对话模式，销售还会失败吗?

销售员在进行销售之前，首先应当设置一种必要的情境，以便客户能够将自己放置进情境，找准他们的位置。然而，案例中销售员面对成就型客户时，并没有把他们放进成功者的情境中，而是渲染他们面临的困难和不足，这样，成就型客户自然发自内心地讨厌他的观点和言论，并因此不愿意继续谈判下去。

这样激将成就型客户

我们应该这样去看待成就型客户：在被放到成功者地位之前，他们内心对自己并没有足够的认可，甚至相当自卑；而在被看做成功者之后，他们会对自己有相当的信心，同时对于谈判对象有很强的认可度。这是因为成就型客户总是希望在他人眼中变成成功者，而又不愿意被人看出这样的想法，根据这种特点，我们不如在谈判一开始就强调他们的成功，并故作投降。

减少戒备心理： 成就型客户对于销售者往往有着戒备心理，而销售者应该尽力化解。最好的办法就是通过“假装投降”，承认对方的优势地位，比如，“您眼力真准”“没人能瞒得了您”之类的话语，加上谦和的音调，真诚的表情，从而减少他们的防范意识，获取他们因为“自大”而带来的销售良机。

提高对方身份： 适当的装扮弱者，并强调对方的成就，能够把他们放到更高的谈判地位上去，这一点在成就型客户身上，反而有着良好的作用。因为他们的思维是这样的：“既然我已经是成功者，那么我应该表现得更宽容。”所以，当成就型客户的成功身份获得确认时，他们往往更容易下定决心埋单。

用进取眼光看待： 成就型客户的思维方法是积极进取的，同一张白纸上有个黑点，成就型客户看到的一定是白色，而并非像忠诚型客户那样看到的是黑点。因此，销售者在面对成就型客户时，一定要学会用进取的、正面的眼光看待任何问题，尤其是关系到客户实力、形象、地位的情况，只有带有这样的思维去看客户，他们才会从正面来看待你和你的产品。

每个人都喜欢被他人认可，而对成就型客户的认可，一定要建立在你自身的低调和对于对方的抬高上，一味强调对方缺陷和产品的性能，结果会适得其反。

为何 Juliet 能讨客户欢心赢得谈判

David 是罗彻斯特一家知名商学院的院长，他做事情爽快利索，十分追求效率，本人也有很高的知名度。有一次，纽约州的培训师在纽约市举办了一个论坛峰会，David 也应邀参加了。

Juliet 是纽约一家广告公司的总策划，她最近正好也想举办一个大型的论坛，并在寻找赞助单位。

在得知纽约市这次论坛峰会的消息后，她敏锐地意识到这是一个千载难逢的好机会。通过对与会人员的资料分析，她发现 David 院长是一个很有能力的人，属于那种“成就型”的人物，而且他的商学院里有好几个 MBA 培训班，每个月都有相应的培训课程，如果能够与他们的商学院课程结合一下，岂不是两全其美？打定主意后，Juliet 开始在论坛峰会期间接近 David 院长。在经过短期的接触，两人之间建立起一定的关系后，Juliet 向 David 院长表露心迹，说出了自己的真实想法。起初，David 院长向 Juliet 表示自己的活动很忙，恐怕不能如期应邀参加。

Juliet 自然明白这是他的推脱之词，她不慌不忙地向 David 院长提出了自己的想法：“如果院长您参加这个论坛的话也不是白出力，您也能获得很多好处呢。首先，在您的学院里，如果单独聘请外面的老师来执教也需要花费很大的费用，还要为他们解决路费和食宿等问题，而这些，我们都可以为您提供。其次，像您这么有名的院长，一定也想再进一步提高您的知名度吧？而这次论坛的举办完全可以提高您和您所在学院在社会上的知名度，让更多的人知道您这位大名鼎鼎的院长。当然，我们也会以此来提高我们公司的知名度及影响力。这样的结合，对我们双方都有莫大的好处，您可以好好考虑一下。”

对于目标感和行动力都特别强的David院长来说，这样的好处确实具有很大的诱惑力。但是他也没有直接答复，只是对Juliet说“我会尽快给你答复”，这个事情就这么过去了。等论坛峰会结束后，Juliet就回到了自己的公司。让她意想不到的是，刚到公司就接到了David院长的电话，想明天约她见面亲自交流一下这个合作。第二天见面后，经过简单的交流，他们就直接签订了相关协议。

案例分析

从David院长的做事风格上，Juliet分析出他是一个典型的“成就型”客户，清楚地明白自己想要什么。所以，Juliet也就直接向他提出了各自能够获得的好处，以此来打动他。当然，这个合作是非常符合David院长的目标和利益的，因此，他也没有理由拒绝，自然就会成交了。这样，双方都得到了自己想要的。

案例总结

“成就型”客户，无非就是想要表现出自己获得的那些成就，说白了，他们都有些小小的“虚荣心”，而这正是他们在谈判中的“致命弱点”。抓住这一弱点，我们只要在谈判中对他们说一些恭维的话，说明他们能够从合作中获得的利益，让他们获得相应的成就感和虚荣心，那么谈判就能顺利进行了。但是也要注意，马屁要拍对地方，如果拍到了马蹄上，就适得其反了。

“解决”成就型客户话术示例

• 与成就型客户交流，要尊重对方的成就，不要贬低对方。

例如，“您在这方面真是行家啊。”“您真是知识渊博，能谈谈对我们产品的看法吗?”

• 与成就型客户交谈，要学会降低身段，借此抬高对方，让他们获得更高的成就感。

例如，“我可比不上您，我也就对我们公司的产品了解多一点，其他的就不知道了。”

• 与成就型客户谈判，要懂得提升效率，不要拖拖拉拉。

例如，“这项活动可以提升您公司的知名度，还能解决您公司现在面临的场地问题，何乐而不为呢?”

• 与成就型客户交流，要掌握刺激对方的技巧，让他们生出挑战的心理。

例如，“这项计划的好处是毋庸置疑的，只是执行起来就有些困难了……”

第五章

4号自我型客户：买与不买全看心情

如何辨识自我型客户

分析喜好：通过叙事特点、故事内容找到其终极喜好

自我型客户代表：爱做梦的 Cherry

Cherry 是一位音乐学院里的舞蹈教师，学艺术的她浑身上下无不散发着感性的气质。她喜欢同身边的闺蜜分享自己的感受，所以经常抱着手机或者笔记本电脑聊个不停。

其实，Cherry 来自于某个北方的小县城，在她的家乡，家族有相当大的产业可以给她继承。家人总催她赶紧找到适合的对象恋爱、结婚，然后生子继承家业，但 Cherry 不屑一顾地告诉朋友："我喜欢大城市的感觉，我热爱这里的摩天大楼、商业气息和西装革履的白领，同时，我也喜欢这里丰富多彩的艺术活动，喜欢热情鼎沸的足球赛事和各种各样的时装展览。虽然在这里，我经常有一种发自内心的外乡人的悲哀和忧伤，但这一切改变不了我对这里的融入感。让我回家过那种平凡的土财主生活？我想还是饶了我吧。什么产业、企业，归根结底还不都是要还给社会的财富。"

虽然这套论调并不经常被人所接受，但 Cherry 还是依然故我，她喜欢凭着自己的感觉信步而行，走到自己未曾到过的店面，然后凭感觉购买衣服或者化妆品。也喜欢在休息日坐地铁到这个大城市的任何一站，然后一边逛街，一边寻找自己心仪的购房社区。总之，Cherry 在很多现实者来看，

简直像一个生活在童话里面的小女孩，而在她自己来看，这才是真正属于自我的生活。

对待自己的工作，Cherry 也是如此，某次学生的毕业汇演，Cherry 整整一周都同学生们一起泡在舞蹈房，排练着他们大学毕业的最后舞蹈。然而，其他老师却只是随便指导一下就消失了，还有人说："毕业演出也没什么重要的。"但 Cherry 只是认真地陪伴着学生，最终，节目大受好评，连省教育厅的领导观看了以后也大加夸奖，把这个节目上调到省政府的文艺演出，Cherry 一下子声名鹊起。对此，她却依然淡定地说道："我只是想跟着自己的感觉走，去陪伴学生们在校园最后的一段时光，至于领导看重，那是他的感觉罢了，我并不感到骄傲。"

言由心生，有这样的人生态度，就有这样的言论。Cherry 能够对世俗所看重的金钱、产业、权势和名声都不重视，而是默默遵循自己的感受生活，说明她是典型的自我型人格。这种个性的人正如其名称，他们更听从自我感受，而并不愿意接受外界的约束。

这样辨识自我型客户

自我型性格的客户，其个性特点并不一定被人所喜爱，但是，处理得当却非常有利于你的销售。因此，销售者必须要学会通过多种方式和渠道来辨认他们的特点，而其中最重要的是注意他们的叙事特征。

词汇特征：自我型客户是所有人格中，最在意自己感受的那一种。因此，他们的词汇并不会非常冷静和理性，而是更在乎表达自己的各种感觉，如此，他们的词汇也是所有人群中最感性的。比如，"我感觉""我认为""味道""独特""创意""束缚"等词汇，经常能见于他们的口头，代表他们或好或坏的感受与体验。

叙事风格：自我型的性格会让他们在叙事风格上经常显得"没头没

尾”，有时候本来逻辑很清晰的一件事情，被自我型客户一转述，反而显得混乱不堪。究其原因，是因为自我型人格的叙事风格总是在围绕他们自己的角度，“我看见”“我知道”类似的词语，所表示的也许是本来应该从客观角度解释的情况。

叙述频率：自我型的客户喜欢说同他们自己有关的事情，然而，和成就型客户不同的是，他们很少在大众场合这样说自己。这是因为自我型客户虽然觉得自己与众不同，但也因为自己的敏感、不合群和过于艺术化而多少存在自卑，因此，人越多的地方，他们越不喜欢说出自己的感受，相反，当小众独处时，他们会感觉到足够安全，从而乐于分享故事。

自我型的客户永远生活在自己营造出来的感性世界中，只有先了解他们的特点，才能摸清楚让他们掏钱埋单的秘诀。

发掘品位：看对方是否经常擅自做主、打扮独特

就是要不同：公司主管 Debra

某公司某区域固话机销售员轩宁为了获得行政部主管 Debra 对他产品的认可，已经跑了两趟，然而，无论他怎样强调产品的优越，Debra 始终都不置可否，既不开口反驳，也不愿意向上级推荐他的产品。这次，轩宁打算好好观察一下 Debra，从中找到可以利用的“漏洞”。

再次看到轩宁，Debra 有些许的不耐烦，但她很快掩饰住了自己的感觉，询问轩宁的来意。轩宁一边和她寒暄，一边注意到她今天穿的公司制服上的胸牌后，还佩戴了一朵颜色鲜艳的饰品胸花，看上去像是纯银质地，虽然并不名贵，但看起来非常特别。想到上一次她佩戴的是另一款胸花，轩宁忽然意识到坐在自己面前的应该是典型的自我型客户。

于是，轩宁改变了自己的推销策略。他拿出了事先准备好的两张彩印

图样，上面是清晰的海滨风景。看到图片，Debra 高兴地眉飞色舞起来："这不是熙龙湾么，我去过！那里太美了！"

"嗯，的确如此，您的感觉太棒了。"轩宁很高兴图片非常迎合 Debra 的感觉。接着，他开始引导对方观察两张图片的不同，其中一张印有 B 公司的固话电话号码，另一张则是普通传真号码，通过比对，Debra 感觉到，还是 B 公司业务的应用范围广，性价比更高，终于确认了产品的收益，开始愿意同轩宁进行合作。

很多从外表看起来似乎"无懈可击"的客户，实际上却有着自己薄弱的一面，销售者应该做的是发现其存在，并加以充分的利用。在这个案例中，Debra 原本并不打算接受产品，原因自然可能来自多方面，比如性价比、需要或者预算等，然而，当轩宁通过观察发现了她作为自我型人格的一面后，情况就得到了迅速的改变。

这样发掘自我型客户

自我型客户重在感觉体验，一旦他们感觉上认为你的产品是优秀的，那么很难阻挡他们的购买冲动和欲望。因此，观察和发掘自我型客户，就显得相当重要了。

观察他们的衣着：自我型客户衣着特点重在饰品较多。他们不满足于普通的衣物，而喜欢不断根据心情来变化自己衣服上附着的"零件"，比如，腰带、眼镜、首饰、钱包、领带等，有的客户可以一用就是几年甚至十年，而自我型客户则需要不断求新求异。

观察他们的个性：自我型客户讨厌和大众一样，因此，他们会找到一切机会来表现自己的个性，而不愿意"沉沦"进入普通人的行列。所以，哪怕只是一张白纸，他们也要处理得不一样，更不用说办公室布置、标准化程序或者用语等，他们一定会加以充分利用，正如同案例中的 Debra 一样，即使是人人都有的胸牌也要加以巧妙装点。

了解他们淡然：如果你在销售工作中遇到那种很淡然的客户，相信我，你很可能是在同自我型客户打交道。他们的与众不同，还表现在他们不愿意按一般人的思路那样进行抬杠、反驳或者讨论，对于他们来说，是就是是，不是就是不是，一切以自我感受为准，不需要获得更多的认同，也不需要说服谁。

如果你觉得某些客户看起来很怪，那么很可能是因为你还不了解他们的特点和感受，一旦你走进这些自我型客户的世界，真正有趣的销售过程才刚刚开始。

与自我型客户的沟通方式

感同身受：建立和对方一样的处境

理解万岁的 Jim

Jim 在某旅游景点的纪念品商店工作，某天，一位看起来游览疲劳了的年轻男孩走进了商店，在店内随意地来回闲逛，看上去，他根本没有打算购买任何东西。

Jim 走到年轻人的身边，他注意到这位客户脖子上戴着精致的乌木项链，背包上也别着人偶，作为一名男生，似乎显得相当讲究。于是，Jim 抓住他要离开的空隙，说："小兄弟，喜欢什么样感觉的纪念品?"

"我?"这位年轻客户摇了摇头，冷淡地说："没什么特别的。"他又指了指货柜上那些看上去古色古香的仿制品，说道："在我看来，都是些破碟子破碗而已。"

"看起来的确很土吧。其实，当年我才开这家店时，也是这么想的，那时候，我也和你差不多年纪。当时我感觉，这些玩意太古董了，会有人喜欢吗？" Jim 回答说。

"真的？你也这么觉得？"男孩没想到 Jim 作为店主却同他感受一样，他反而停下本来要离去的脚步，信手拿起一个瓷碗摆弄。

"不过，后来我读了不少小说，也看过你们爱看的穿越小说、宫斗小说，还有古装剧，我发现，那里面有着很多美轮美奂的道具，而这些道具现在不就活生生地放在我们面前吗？你看，这个小香炉，是明代的，正是《新龙门客栈》那个时代；这个瓷碗，是康熙年间的，前段时间电视台还在播呢……"

男生被 Jim 的描述吸引了，很快，他掏出电话拨打起来："喂，老哥，我发现了个好地方，你快过来给我们家里每个亲戚买一件啊……"

男生的兄长过来以后，Jim 顺利地做成了一笔很大的生意。而这样的成功，如果忽视了这位年轻客户的感受，将无从获得。因此，后来 Jim 在和我讨论人格同销售之间的关系时，相当有感触地说："很多情况下，只要我们更了解一点客户的人性，就能获取意想不到的成功业绩。"

这样理解自我型客户

自我型客户喜欢用感觉来引导自己的行为，同时，他们也并不善于（或者是不屑于）主动向他人解释自己的感觉。正因为他们有这样的缺点，销售者必须学会主动参与到自我型客户的世界中，正确理解他们的行为。

第一时间看出感觉：自我型客户相当敏感，他们往往能发现每一件事物的特点，但他们又比较内向和害羞，所以并不一定主动表现。销售者必须在自我型客户最初体验出感受时，就能迅速加以掌握和发现，去感知他们的情绪，从而设计下一步的销售步骤。

语言表示认同：自我型客户经常内心感觉是孤独的，尤其他们在面对陌生的环境时，总会感到行为上的不自然，因为比较难表达自我的感受，从而显得冷漠而淡然。其实，只要这时候销售者能够说出他们的实际感受，他们就会获得足够的安全感，并因此而感谢并信任销售者，从而开始关注他们的产品。

为自我型客户减压：自我型客户总在追求完美和独特，即使在购买产品时也是这样。当然，他们的完美主义同完美型人格并不相同，自我型客户的完美，是来自于自己内心评价的完美。正因为如此，他们往往会得不到其他人的认同，而处于内心封闭、挣扎以及破坏的状态下，而此时如果有人帮助他们减压，就能合理疏导其内心，从而爆发出相当的能量。

自我型客户强调理解的真诚，销售者不必过于重视销售是否能完成，而要先站在善于观察和理解的角度，去感知客户的内心，只有良好的沟通，才能最终缩短谈判的时间。

显示品位：显示出独特品位才能吸引对方注意

不注重品位的 Fiya

某商务咨询公司的销售代表 Fiya 走进一家文化传媒公司的行政部，他递上自己的名片，给行政部的丁经理。丁经理仔细地看了看名片，然后说："您的名片材质感觉真不错，是 5 克铜版纸的吧，我很喜欢这种触摸的感觉。"

Fiya 茫然不知丁经理说的内容，他点点头说："啊，这个，我也不是很懂，只是随便选的。"

丁经理笑了笑，眼角流露出一丝异样神情，但很快就变得正常起来，两人开始谈论这次会务的细节。Fiya是带着公司的销售任务，想同丁经理敲定下个月的全国营销商会议承包业务。随着会谈的推进，丁经理向Fiya提出了更多的问题，比如，会议中场时，安排怎样的场所给营销商们休息，提供什么样的小礼品，会有怎样的娱乐活动，等等。Fiya当然按照以前类似的会议内容进行了一一作答。这些安排本身既没有太多的新奇之处，但也谈不上会有怎样的风险导致会议失败。

然而，丁经理似乎并不满意Fiya的安排，最终，他给了Fiya一个模棱两可的回答，让他回去等联系。那么，丁经理究竟从什么时候就开始不再注意这次谈判呢？

正确答案是，丁经理从发现Fiya不清楚名片的材质开始，就认定他是一个没有独特品位的人。而对于这样的人，自我型客户是无法从内心真正加以尊重和认可的。虽然还能因为商务谈判坐在一起讨论，但随后丁经理就发现整个会议的日程并没有任何特点可言，更谈不上给他特别的感觉。这样来看，在模糊中结束谈判也就不足为奇了。

这样向自我型客户显示品位

一般产品的介绍方法，无法取悦到自我型客户。这是因为他们并不太相信语言描述的真实性，往往存在这样的可能——销售人说得越完美，自我型客户越不相信。因此，先拿出你的诚意，树立起自己的品位感，才能说服自我型客户。

特殊意义带来品位：普通的产品就一定无法吸引自我型客户吗？事实并非如此，如果销售者能够赋予产品特殊意义，比如，引发客户的某些联想，或者吸引他们独特的注意力，都能够带来十足的品位感。如果销售者无法营造出这种品位感，对于客户来说，产品将变得乏味无比。

积极展现品位：自我型客户喜欢第一眼就评价对方，一旦缺乏他们想要的感觉，将会导致从人到事的全盘否定。所以，销售者应该给自己随身带上一些“亮点”，比如，并不算奢华但却有艺术气息的包，或者并不是品牌但却相当特别的钢笔等。对于也被称为“艺术型”性格的自我型客户来说，这些小特点会很快被他们发现，并吸收到你的品位感。

扩大知识面：一个知识面狭窄的人，无法具有更多的品位感，因为在自我型客户来看，连基本的艺术和时尚知识都缺乏是无法进入品位系列的。因此，销售者除了日常工作之外，也应当相应地积累自己的人文素养，扩大知识面，也许一时无法起到明显作用，但最终将会让你受益匪浅。

自我型客户喜欢给一切事物打分，而你的分数来自于你的品位体现，同时体现在销售结果上。因此，提高品位感，会让自我型客户感到眼前一亮，也会让你从普通的销售员身份中脱颖而出。

与自我型客户的沟通忌讳

不顾客户感受：情绪化，自说自话

销售不是演讲：情绪化的Jerry

Jerry刚刚进入保险销售行业没多久，他喜欢销售这个行业，也喜欢和不同的客户进行交流。有时候，他的热情甚至让客户有点抵挡不住。

某天，Jerry通过他人介绍，认识了一位自由撰稿人潘先生，他留着长发，戴着眼镜，一看就是那种沉浸在自己理想世界里的艺术人士。Jerry同他打过招呼，没等邀请，就开始自己的销售话术。

“潘先生，您的作品我拜读过，非常崇拜您。通过阅读这些文字，我仿佛看到不同的时代在我眼前闪耀而过。不过，您有没有想过，我们的生活节奏也会很快，往往是一眨眼的工夫，养老的忧患就会出现在我们面前?”

虽然潘先生并没有多少反馈，但Jerry还是热情地从养老忧患说到通货膨胀，再说到提前购买保险的必要性，其间，潘先生虽然略有提问，但最终还是没有动心，Jerry只能遗憾地告辞而去。

对于潘先生这样从事创作、需要灵感的客户来说，他们并不会因为你的一两句肤浅的赞美而动心。想打动他们，销售者必须要学会走近他们，探寻他们的内心，从而避免自说自话、自我陶醉的尴尬。

这样同自我型客户沟通

错误的沟通方法，会让自我型客户被你“吓到”，虽然口头上有所应付，内心却早就躲进了自己的世界。即使你说得口若悬河，很可能客户却在心里盘算自己的创意设计呢。不掌握好同自我型客户的正确沟通方法，你只能落得一次次失败的下场。

开场白就从感性探讨：接触客户的第一分钟，就要把话题转移到客户所感兴趣的“感觉”问题。尤其是前几句话，落脚点一定要切合到客户对产品的感觉，或者谈论到产品带给其他客户甚至是销售者的感觉，这样，自我型客户的兴趣就会被充分调动起来。

具体化的形象：自我型客户是典型的靠视觉和想象做出判断的性格，如果销售者没有准备具体而实际的形象，就会缺少响应的冲击力来打动这样的客户。比如精美的产品图片、模型，或者正在使用产品的人物，或者相关的简洁图表等，都能起到这样的作用。

使用他的语言风格：对于强调感觉的自我型客户来说，你的自说自话已经让他受不了，倘若你说的全是单纯的理论，就更加令他无法接受。因此，你可以学会用他的语言风格进行表达，不一定必须采用精确的、鲜明的词汇，而是可以采用“看起来”“体验上”“感觉上”“气场”等带有模糊感的词汇，这些词汇是自我型客户这种情感区间人格的最爱。

销售重在沟通，想办法让自我型客户同你沟通起来，而不是带着逃避的心理龟缩，这才是沟通的重点所在。

不懂风月人情：只讲产品，毫无趣味

销售员还是技术员：让客户听不下去

家具销售代表Peggy对他经营的产品非常了解，他相信只有熟悉了产品的一丝一毫，才能向客户进行有效的介绍。某天，一位朋友把打算重新装修别墅的时尚界名人Moka介绍给他认识，Moka也希望借此了解一下产品。

Peggy稍微做了点准备，就准时去见客户。Moka四十来岁，但看上去显得相当年轻，穿着也很时尚，根本不像这个年纪。互相介绍以后，Peggy便开始介绍自己的产品，从木料的选择，到品牌的统计数据，再到具体的家具尺寸和人体力学的搭配，Peggy滴水不漏地加以综合性的讲解，然而，看起来Moka根本没有听进去，会面只好在毫无成果的气氛下结束了。

过了两周，朋友打来电话，说Moka已经在另一位家具销售商那里预订了全套的产品，Peggy觉得非常不可思议，因为Moka看起来似乎根本就没想真正购买。经过打听他才明白，那位新的家具销售代表并没有多少对产品了解的经验，他只是一个刚刚从校园走出不久的实习生，而介绍的方法也仅仅是告诉Moka，年轻人对这些家具的看法和感觉很好，而这些就足够打动Moka那颗永远追求年轻的心了。

Peggy 后来告诉我，看来，销售员当成技术员，即使不是一种错误，在自我型客户面前也是一种错位。对于自我型客户来说，他们才不会对什么数据、什么性价比和什么统计图表有多少感触，当这些产品能够满足他们的人生趣味时，上述因素根本就不算问题。

这样向自我型客户介绍产品

介绍产品的方法多种多样，虽然是同一种物品，从理性角度来分析，和从感性角度来分析，体现出的特点会截然不同。而对于习惯从技术角度分析产品的销售者来说，或许应该更多学习怎样采取自我型客户更感兴趣的介绍方法。

强调使用感受：一味介绍产品的技术特色毫无意义，在自我型客户看来完全属于浮云而已。使用单纯一点的介绍方法，反而能让他们迅速体会到产品的特点。比如，告诉客户钱包是小牛皮材质，不如描述摸到钱包那种光滑细致的手感所带来的可靠度和安全感。两者相比，以情绪主导行为的自我型客户一定容易接受后者。

不必吹嘘完美：自我型客户相信自己的判断，对他们来说，世界上并不太可能出现完美到让他们永远满意的产品。因此，销售者不应该抓住产品的一些突出点大肆吹嘘，把产品说得神乎其神，而是应该抓住产品的个性化特征，切合自我型客户的心理意愿，将两者贴合起来，让客户感到产品是为他的特点而设计，那么，离自我型客户心动并行动的程度也就不远了。

代入情感特征：销售者如果单纯把销售看成工作，很容易感到乏味无聊，但这种情绪一旦传递出丝毫给自我型客户，他们立即会因为情绪被感染，而厌倦产品。因此，你必须学着重新欣赏产品，感受到设计者和制造者在其中所付出的心血，同时体会到使用者在拥有之后的快乐。当你感受到这些良好情绪再去向自我型客户介绍时，效果将明显得到充分提高。

自我型客户是九型人格中戴着最复杂颜色的眼镜观察世界的一种人，你所要做的不是摘下他们的眼镜，而是为你的产品涂上他们所喜爱的色彩。

谈判宝鉴

见机行事：小心翼翼地示好

慢慢拉近关系的H

某名酒的销售总监H同客户的关系向来不错，他有好几个客户经常在一起钓鱼、看球、泡吧和喝酒，然而，最近他特地前来找我，说不知道怎样和一家酒店的新经理联系感情了。这让了解他的我比较惊讶，详细询问，原来这位新上任的田经理一开始虽然对产品感兴趣，却又并不接受H总监的宴请，也不愿意马上就续签合同，只愿意在办公室同他谈谈公事。

看着H焦急的表情，我问了问田经理的性格，H回忆了一下，说田经理似乎总在自己的世界里，即使同周围人打交道，以H的眼光也能看出他多少带有的孤傲。看来，田经理应该是自我型客户没错。于是，在我的建议之下，H决定先不惊扰田经理，只是在去办公室拜访的时候，带上相当多的其他客户调查资料，并同田经理分享他们使用的感觉；接着，向田经理赠送一瓶产品，并在聊天中渗透进相关的品牌文化；之后，及时地关注和询问田经理对于产品的感觉。

随着分享行为的推进和深入，田经理慢慢地同 H 总监拉近了关系，两人不再像一开始那样只有工作关系，而是从工作关系过渡到可以在一起坐下来聊聊文化、传统和时尚的朋友，这时候，田经理才流露出对于续签供货合同的看法——他担心的是酒的品牌同酒店客人的消费能力问题。了解问题所在，H 总监发现剩下的工作要容易多了。

这样向自我型客户示好

向客户示好并不可能总是马上见效，一旦受到阻力，你就应该学会分析障碍所在，并利用对客户性格的了解加以解决。

适应“推”和“拉”：自我型客户经常处在矛盾中，他们内心总认为自己的生活和工作缺少某种部分，但他们又无法说清，因此只好不断地寻找，不断地不满，接着再不断地寻找。体现在人际关系上，他们绝不会马上同任何人建立良好关系，而是经过多次的“渴望——放弃”“收获——失去”“接近——远离”这样的程序，才能最终确定合作关系。因此，销售者在示好自我型客户时，应该适应他们的节奏。

适当关心：刺猬理论可以很好解释自我型客户同他人的关系，如果太过远离，那么自我型人格会感觉寒冷，而太近又会感到“为什么我同这种人关系这么紧密”。其实，这并非自我型人格的古怪，而是因为他们多变的情绪，和对于自身不完美的担忧。因此，销售者可以对客户适当关心，既不需要太紧密，也不能显得过于生疏，按部就班地关心其感觉，是推进的正确方法。比如，去询问他们的感觉，或者主动说出自己的感觉，这些行为都能够表达你对他们想法了解的欲望，从而凸显出你的重要性。

保持自我：对客户的关注不需要丢失销售者的自我，事实上，在关心过程中及时地表现出你的感受，才会让他们感到这种关心的真实。销售者应该把这种关心演化成为一种感情上的交流，而既然是交流，你就应该努力把自己的感受传递给客户，以获取他们对你的理解与尊重。比如，你不需要完全去附和自主型客户的说法和感觉，盲目的同意和支持，会让他们感到自己被敷衍，而更加不能接受你的观点。

自我型客户是无法靠讨好得到其好感的，正确的节奏和适当程度的关心，才是拿下他们的不二法门。

 委婉应对：根据客户心情委婉提出要求

提要求也应艺术化

某天，我去朋友Mary经营的小物流公司拜访，恰逢她正在向手下的销售员Echo安排工作任务。Mary要求Echo向客户提出签约的时限，而Echo则面露难色，经过我的询问，Echo吞吞吐吐地表示，对方是一家经营艺术品的画廊，老板唐先生做事风格很自由，他并不一定接受签约的时限。

我示意Mary，自己可以陪Echo走一趟。到了画廊里，我先让Echo同唐先生聊了聊，自己在店内四处闲逛，看了好几款现代画作，同时还学着专业人士的样子，退后几步从不同角度观看。唐先生很快凑了过来，向我询问感觉如何。我告诉他，风格还是很多的，但从其中一两幅里面，我看到了作者所观察到的世界。话音刚落，唐先生便满脸的知己状，忙不迭地叫人泡茶。我和Echo似乎瞬间从销售者成为了欣赏家……

依靠着我一点可怜的艺术品鉴赏知识，Echo顺利地趁唐先生心情好的时候同他谈妥了签约的时限。事后，Echo崇拜地说老师你真厉害。我说，哪里，其实我懂的艺术知识和你差不多，最关键的是我知道唐先生是典型的自我型客户，而他们都在自己心情好的时候才能接受他人的要求。

这样向自我型客户要求

销售的工作可以理解成整天在向客户提出各种要求，但根据不同客户的特点，用不同方式提出要求，才能提高成功概率。向自我型客户提出要求，必须要学会找到正确的时机。

等待客户的自我调整：自我型客户经常会心情低落，因为他们感到自己并没有找到生活的重心。然而，他们也会很顺利地从低落的心境中走出，自我调整获取良好的感受和状态。因此，销售者有时候会在客户跟前碰钉子，但一旦等待客户自我调整拥有好心情之后，同样的要求很可能会毫无困难地被接受。工作能力较强的销售者，势必能够通过观察和适应，把握自我型客户心情调整的规律，从而在规律中获取足够的空间。

培养客户的好情绪：积极的销售者可以主动培养客户的好情绪，包括同自我型客户的交流，或者体会他们的情绪，抑或赞赏他们的品位等，这些感情上的交流，经常能够让客户从抑郁的状态中走出，因获得共鸣，而拥有好情绪。自我型客户往往在内心是孤独的，他们需要有人理解和赞成，有人站在他们身边来支持他们的感觉，因此，当销售者能够主动出击帮助自我型客户走出困境时，他们会相当感激你的付出。

学会提问要求：不要直接向客户提出要求，那样会让他们感觉如同在被命令，而自我型客户是最讨厌来自外界约束的。不妨把要求放进选择提问的情境中去，比如，“您是现在买还是两件一起付款”“您是选择签一年合同还是两年”等，这种选择性的提问，给自我型客户一个体验和展示自己感觉的机会，因此更受到他们欢迎。

销售者不可能去向客户下命令，因此，对于自我型客户，掩藏好你的要求，并等待他们的好情绪，会让你的要求更加容易得到满足。

乔·吉拉德怎么让客户保持良好成交心态

世界上最伟大的销售员和最受欢迎的演讲大师乔·吉拉德是一位传奇人物，他连续12年荣登世界销售第一的宝座，他的故事激励了无数的人。当有人问及他的成功来自哪里时，乔·吉拉德讲述了这样一个故事。

有一次，一位打扮得很个性的年轻女郎走进了汽车展销厅，说她只是来这里随便看看，看看这些车打发一会儿时间。从穿着和语言中，乔·吉拉德了解到，这位时髦的女郎属于“自我型”的人，而且看这样子，也并不像她所说的“只是随便看看而已”。作为世界第一的销售人员，乔·吉拉德自然不会放过这样的机会。面对这样的客户，他自然有其独特的一手。

在闲谈中，他为这位女郎介绍了他们展厅中的那些车，从普通车到高档车，他都一一作了详细的解释。显然，女郎也是一位爱车的人，对乔·吉拉德的讲述也会不时地随声附和几句，而且还会多询问一些关于跑车的信息。

在逐步了解到这位年轻女郎的爱好后，乔·吉拉德有意地将她引到了展厅的跑车区，在这里，展览着几款非常有个性的跑车，对于爱车的人来说，绝对是极大的诱惑。在一辆宝石蓝色的六轮跑车面前，那位女郎的眼中流露出了异样的光彩。善于察言观色的乔·吉拉德马上抓住这个机遇，向女郎介绍到：“您的眼光还真是独到，这可是福特公司最新生产出的一款跑车，极富个性。您瞧这车身流线型的线条，这宝石般光亮的颜色，还有这六个轮子的造型，这可是最新的一项概念设计，还获得了专利呢!”

女郎一反刚才冷淡的态度，继续问道：“看起来是挺不错，性能怎么样?”乔·吉拉德马上接话道：“我们卖的就是产品的质量，汽车的性能自然是没的说，里面的发动机和轴承都是采用当前世界上最好的工艺制造的，而且，无论是机车操控、重量还是加速方面，都是现在汽车行业中顶尖级的。更重要的是，这种跑车是限量版的，全美国只生产了十二辆，非常适合时尚、个性的年轻人。当然，一分钱一分货，这辆车的价格也是很贵的。”

“呵呵，对于价格我是不在乎的，就是它了，我很喜欢，签单吧。”女郎毫不拖泥带水，直接提出购买。“这边请。”乔·吉拉德热情地带领女郎向柜台走去。

案例分析

对于不同的客户说不同的话。在例子中，乔·吉拉德准确地把握住了客户的心理和想法，利用其自我型的性格，从交谈中了解到她的喜好，并从中入手，以自己丰富的感情和声情并茂的讲解赢得了销售的成功。

案例总结

综合前面所讲，我们可以得出结论：“自我型”客户属于“右脑思维型”，他们更注重于感情，注重于自己对产品的感受，他们认为好的，那就是好，他们会不惜一切代价将商品买到手；反之，若他们认为不好，那么销售员磨破嘴皮也无法得到他们的认同。因此，面对这种类型的客户，销售人员一定要先从他们的感受入手，让他们“感觉”商品是不错的，是适合他们的，打开了这个缺口，剩下的销售也就一帆风顺了。另外，如果在销售过程中，给予对方足够的尊重，重视对方，会起到事半功倍的效果。

“解决”自我型客户话术示例

• 与自我型客户交流，要懂得挖掘对方的品位，以此入手。

例如，“看来您很喜欢一些非主流的东西，我们这里正好新进了一些物品，您可以看看有没有喜欢的。”

• 与自我型客户谈判，要学会营造出对方喜欢的谈判氛围，体会对方的感受。

例如，“嗯，您说的对，确实是这样的。”“这个想法很好，我们可以这样……”

• 与自我型客户交谈，要懂得展示自己的品位，以此来吸引对方。

例如，“您看这款式，这是出自法国一位大师的设计，很有特点……”

• 与自我型客户交流，要学会谈论有兴趣的话题，而不是只关注产品本身。

例如，“别看这东西破，那可是珍品，它的历史可久了，从唐代至今有上千年历史了，我就特别喜欢这种类型的，有历史韵味……”

第六章

5号理智型客户：我是“专家”听我的

如何辨识理智型客户

动作观察：通过决策、想法、爱好、分区观察对方反应

软件师 Howard

Howard 是某公司总部的软件开发师，在学习过九型人格的相关课程后，他尝试向大家说出自己的性格特点，下面是他对自己性格形成过程的描述。

我出生在典型的军人家庭，父母对我的教育近乎对军队的管理，从小我在家就谈不上什么秘密可言，所有的学习、生活进度，都在父母的监督之下有条不紊地进行。

但是，我并不喜欢总是被父母紧盯的状态，所以我尝试了许多办法来逃避。我经常躲到厕所里面读小说，或者去大院外的小巷里看蚂蚁。长大后，我也不喜欢参加班级的集体活动，越是人多的地方，我越觉得心烦意乱。虽然学习成绩相当优秀，我却从未担任过什么班级干部，或者成为优秀学生代表，老师们给我的评语都是“内向”“不合群”。

进入社会以后，我选择了不需要同人打太多交道的电话软件开发工作。即使这样，我还是不喜欢教新人设计软件，或者当开发小组的头头，我觉得，跟那些不懂得自己该做什么的人交流，完全都是浪费我的时间。我信奉的原则是，各自做好各自的工作，谁也别烦谁，所以，领导们更喜

欢安排我做需要一个人攻克的高精尖项目，而同事们传言说我这个人很冷漠。其实，我的确在不少情况下没有想到承担责任或者解决问题，而是想方设法逃避。

当然，这并不代表我事业的失败，实际上，因为我不需要同外界有太多接触，精力都集中在我的工作上，所以我总是能比较轻松地掌握新的信息，发现新的问题。领导和同事们虽然觉得我在性格上不太受欢迎，但对于我的业务知识只有钦佩和赞许，尤其在他们向我请教问题时，最能让我感到高兴和满足。

理智型客户属于脑型人格特点，他们往往具有保守、智慧、专心、安静、理性的思考倾向，同心型人格不同，他们并不喜欢表露情感，因为他们害怕一旦释放出情感会随之暴露出自己的弱点，抑或承担更多的责任。在生活上，他们表现为“宅”的属性，即总喜欢躲在电脑后面判断与分析世界，或者深刻了解一门技术。对于这种客户来说，事实、系统和数据，以及他们感兴趣的任何事物，都比同人打交道更加有趣。

这样辨识理智型客户

辨识出理智型客户的方法主要在于观察他们是怎样认识这个世界的，对于他们来说，世界上无聊的事物大多来自于人类的感情，而有价值的事物大都是来自于人类的理性思考。通常，从以下三个方面，你可以从无到有地认识一位理智型客户。

观察他们的决策来源：每个人对生活和工作的决策来源并不相同，理智型客户无法理解自我型客户那种靠感觉而运用判断力的行为，他们甚至对此嗤之以鼻，认为是缺乏理智的愚蠢表现。如果你发现一位客户无论作任何决策，都要考虑到手头现有的事实、数据、组织等信息，并不加以任何情感地进行冷静分析，像是在分析别人的事情，那么，这位客户很可能就是富于智慧和冷静思考的理智型客户了。

了解他们的想法：判断一个人的价值观，只要看他们对同一件事情的不同评价就可以了。比如，同客户谈论一场球赛，完美型客户会从球赛结果是否令人满意出发，而自我型客户会迅速提到他的感受，但理智型客户则会这样说：“我想，这场球赛的胜负关键主要在以下几个因素……”诸如此类的信息，会在各种聊天场景中被你抓住并加以分析判断，从而辨识出理智型客户。

发现他们的爱好：一般来说，理智型客户并不乐意同人分享他们的爱好，但如果关系不错，他们很可能会给你这样的机会。拥有下列爱好的客户很可能属于理智型客户，如有收集癖好（集邮、收集玩偶等）或喜欢棋类、篆刻等。这些爱好通常都需要在很安静的独处情况下完成，一个人如果把这些状态视为爱好，将足以体现他理智型人格的特点。

理智型客户虽然低调，但并不神秘，给以机会，普通人也能走进他们的世界，并了解他们的思维特点。

距离考量：看对方是否难以接近，让人有挫败感

影子一般的客户：制药厂的Win

做药品原料销售的Shane，早就听说药厂的Win是南方业界内的技术翘楚，然而，Shane自己接触后，却发现这位Win一点儿也不好接触。

Shane拜访过几次Win，但其中多数都没有找到他，问起Win办公室的人，也不知道他究竟去了哪里，Shane只好悻悻而归。其中只有一次，Shane中午去药厂办事，在电梯里碰到了Win，想请他出去“坐一坐”，没想到，Win忙不迭地直摆手，说自己还要去实验室，实在没时间应酬，下次再联系。结果，剩下Shane一个人叹长气。

如此几次，Shane 感到很奇怪，是否 Win 对自己的公司有意见，不愿意再次合作？他开始行动起来，向周围人打听 Win 的脾气。结果，所有人的意见都接近一致——Win 是个只认理不认人的领导。比如，Win 除了在企业的行政会议和年会上出现，其他对外的交际活动一律不参加，董事长请过几次，他也不为所动，最后董事会特许他天天泡研究室，不用去同"讨厌的家伙"们应酬。再比如，药厂曾经要跟风上马一个项目，所有的项目计划和预算都做好了，连设备都快下订单了，这时候 Win 突然出现，带着他的笔记本电脑走进了董事长办公室，长谈三小时后，董事长宣布该项目暂停。后来的事实证明，凡是当时上马这个项目的企业，都出现了相当大的亏损，这件事情在药厂被传得越来越离奇，最终变成了 Win 掐指一算就能算出吉凶。

意见最大的还是 Win 办公室的员工，他们的老板虽然能带领他们拿下最难攻克的项目，或者设计出让他们简便易行的工作步骤，但实在有很大的距离感。Win 的助理小刚说："别看我是他的助理，其实很多时候他在做什么我根本不了解。他会像消失了一样一整天见不到人，然后忽然打电话让我把资料传送到他的邮箱，或者让我跑个腿送个东西，我们对于工作的整体状况，根本没办法从他那里获得了解。"

总的来说，Win 是一个同其他人有相当距离感的客户，如果轻易试图接近并了解他，获得的将是挫败感。

其实，Win 并不是一个故作威严的人，很多时候他也无法理解，为什么自己给大家带来的印象是如此有距离感。通过九型人格的知识积累和分析，相信你应该明白，Win 正是一个不折不扣的理智型客户。他的特点正是相信自己的头脑，而不相信自己的情感，相信世界的客观真理，而不愿相信身边主观的人。

这样考量理智型客户

理智型客户是属于脑区人格的，他们像运用工具那样运用自己的大脑，来看待外在的世界。这些事情分散了他们用来社交和娱乐的时间，甚至分散了他们原本集中在程序化工作上的注意力，因此看起来带有距离也情有可原了。

如何考量对方的理智型人格程度？销售者只要从下面三个方面看他带给你多强的距离感、多深的挫败感就能获得答案。

是否有学习狂或工作狂倾向：理智型客户甚至经常把自己的情感封闭起来，这样他就能保持长期的冷静和理性来研究自己爱好的知识或业务。然而，这种封闭并不利于他们享受人生，最明显的特点就是他们会因为情感封闭而变得孤独和冷漠，为了对抗这种空虚感，他们会把更多精力放进学习和工作。因此，对于越喜欢学习或越喜欢工作的客户来说，他们是理智型客户的可能就会更大。

是否乐于解释别人不懂的：一方面，理智型客户有着强烈的优越感，他们为自己能够封闭情感而暗自得意，因为在他们看来这是一种宝贵的能力。而另一方面，由于他们的理智，能够避免犯下世俗人都会犯的错误，甚至连本来闪闪发光的金钱、物质、地位和名声对他们来说都不够有吸引力。结合这两点，理智型客户认为自己的头脑可以让自己把事情看得更透，无论是业务上或社交上。为了保证这一点，他们也就不愿意把这些经验同别人分享，即使是对自己的员工也同样。

是否喜欢标新立异：在生活上，比如衣服、包、文具、电脑、办公室，理智型客户都会尽量简单，但千万不要以为这代表他们不会标新立异。事实上，理智型客户的标新立异并不比自我型的差多少，只不过前者建立在精确调查的数据上，而后者建立于感觉上。如果你发现客户标新立异的次数并不多，但每次都会获得事实有力的支持，并得到结果的良好验证时，那就说明理智型客户出现了。

客户同销售的距离不是问题，问题在于你不知道哪里有距离、距离有多远，向理智型客户学习，精确发现这些距离，然后才能通过正确沟通，弥补人和人心灵之间的差距。

与理智型客户的沟通方式

虚心求教：拿出虚心向专家请教的架势

请教换到的签单：既是销售又是学生

在某品牌的高清电视柜台前，一位年过四十的男性客户正仔细地看着产品的标牌，销售员 Lily 走过去，问道："先生您好，是打算买电视吗?"

客户沉默地点点头，继续看着标牌。接着又翻弄着旁边产品的标牌，还不时看看电视机上两幅相同的画面。Lily 明白过来，这位客户很可能就是理智型的性格特点，他们不经过自己一番苦心对比和思考，是不会轻易相信销售人员的。于是，Lily 把脚步放后了一点，等待客户比较完毕后继续问道："先生，您对电视产品看来很了解啊，是不是给自己买和给别人买会有所不同呢?"

男性客户有点奇怪地看了 Lily 一眼说："其实现在的高清电视，屏幕差别并不大。主要是根据房间装修的风格，选择尺寸的大小，还有根据用途，来决定购买功能。"

Lily 一边听一边点头，最后说："先生，您是有备而来吧。看来，您对电视产品非常了解啊。”

“那当然，”这位男性客户不无得意地回答道，“我可是本地音像发烧友中很有名的专家，你到我们论坛看看就知道了。”看这位男性客户谈兴正浓，Lily又请他回答了几个自己一直“疑惑”的关于家电的“问题”，渐渐地，客户话多了起来，Lily便趁机边“请教”，边介绍了产品的特点。最终，这位客户购买下了这里最新的3D电视，还说第二天就带团队来团购，这次销售，Lily赢得的不仅是客户的尊敬，也有自己活生生的奖金收益。

想和Lily一样能顺利同理智型客户产生沟通吗？你必须要学会扮演好虚心请教的角色。理智型客户喜欢当老师的感觉，因为那样的位置可以让他真正地站在客观的角色，向同自己毫无利益的人传播知识和经验，而同时也不会和自己产生任何利益冲突。担任学生的角色的任务，很显然将落到销售者的头上。

这样“请教”理智型客户

理智型客户总是在追逐知识的过程中。正因为如此，他们希望能够对任何事物都比他人了解得更加深刻。体现在购买行为上，他们也更习惯对产品有详细的了解，才能下定决心去接受推销。因此，在销售员接触理智型客户之前，他们往往已经对产品有所了解。面对这样的情况，变主动为“被动”，是销售者最好的方法之一。

肯定理智型客户：理智型客户虽然并不太在乎他人对自己的评价，但是当销售者真心诚意赞美他的知识，并愿意将他当成老师时，这种类型的客户将会因为自己占有的更多知识而感到由衷地骄傲和开心，并因此而投桃报李地对销售员产生好感。更为重要的是，这种肯定能将理智型客户从自我陶醉的天地中“请”出来，同周围人发生联系，这种状态是他想要获得但并不容易取得的。

主动向客户提问：不要等待理智型客户来问你，因为在他们看来，自己已经没有什么需要去问销售者的了。同时，基于一样的理由，也不要去试图强行让客户来听你解说，因为在这方面他们可能更顽固。唯一正确的做法是，你应该做出谦逊的表情，然后主动询问客户他们的看法，即利用他们好为人师的特点，向他们求助。同时，你还应该注意提问的方式方法，比如不要提出过于简单的问题，或者不要一个劲地发问等，只要采用了正确的方式，主动提问不仅能够满足理智型客户的自尊心，还能帮助他们强化更多已知和尚未知的产品信息。

别忘了对比：在向理智型客户请教时，千万别忘了进行对比。如提出这款产品和那款产品特点对比的问题，或者提出不同品牌之间性价比的不同等。当理智型客户为了回答你的问题，而进行比较时，实际上自己扮演着销售者和顾客的角色。我曾经见过一次成功的销售，理智型客户由于“分析”销售员向他提出的路段远近问题，迅速确认了购买目标，认可了销售员推荐的楼盘，甚至还开始向其他顾客推荐起来。

理智型客户绝大部分时间都很理智，然而，当你站在仰望的角度去请教他们问题时，他们往往也会变成有感情和冲动的人，利用他们此时暴露出的弱点，你将胜利完成推销。

有理有据：用数据、事实论据征服理智型客户

打动客户的Lucas

Lucas加入保险销售行业后，不停地奔波于不同的客户之间，虽然他很辛苦，然而面对某些客户，取得的成绩依然寥寥。当Lucas加入了九型人格学习班之后，情况发生了变化。某天，他前来问我，应该如何“对

付”理智型客户，我给他的方法是——始终让他们自己观察。不久后，他就有了自己尝试的机会。

那是Lucas去拜访一位在中学任教的客户，他想为自己没有稳定职业的妻子买一份保险，然而，这位客户并没有系统研究过保险产品，他只想按照现在的收入，大致地划分出自己愿意投入的比例。

Lucas来到客户的办公室后，开门见山地说道：“×老师，你好，今天让我们一起来做道数学题。”接着，他拿出纸和笔，在客户眼前开始列举他现在的收入同将来养老收入的数字，很快，出现在客户面前的是随着通货膨胀而不断增高的养老金数字。客户看见这一连串增加的数据，开始感到相当大的压力，而面部表情也变得越来越严肃起来。

看到自己的数据和事实起到了效果，Lucas开始介绍自己主打的产品，这款产品的特点是一开始缴纳的费用较高，而随着时间增加，费用会开始降低，最终，在养老时代到来后，客户的收益会明显增高。针对产品这个特点，Lucas在纸上画出了两幅柱形图，表示收入和支出的不同，在客户面前，出现的是越来越少的支出，和越来越高的收入，具有充分说服力的图形，让客户频频点头。最终，Lucas打动了客户，拿到这份签单。

对于理智型客户来说，他们并不太相信过于空泛的理论或者过于花哨的宣传，一切基于事实考量，才是最实用和最可信的。因此，销售者在面对理智型客户时，不妨先提前做好充分的准备，让自己成为“考据派”和“数据派”，通过对事实细节的不断发掘，从而实事求是地打动对方。

这样说服理智型客户

随着经济的发展，市场在不断细分，而产品的功能也在不断增多，客户越来越多的需求被激发出来。然而，面对大量的产品，即使是理智型客户，也不一定就能完全在谈判之前就能够完全掌握信息。面对这种情况，就需要销售员做好充足准备来说服理智型客户。

从产品的基本构成开始：销售员应该重新审视自己的产品名称、材料、功能和技术含量、行业地位、价格和运输方式等。虽然这些内容很可能销售人员已经比较熟悉，但面对理智型客户，绝非用随随便便的陈述就可以糊弄过去，你必须将这些内容能够用更专业的词汇、更精确的数字加以表现，从而提供给理智型客户足够的分析空间。换一种说法，当你提供的信息越合乎理智型客户的思维特点，他们会越认可你的专业和可靠，也就越能建立彼此之间充分的信任。

中立而不含偏向：在介绍数字和事实时，你应该表现得相当客观。不要试图在介绍时加入自己的立场，销售愿望如果表现在这个阶段，就会让理智型客户产生怀疑，认为你的所有论据都是为了自己而服务的。所以，在分析具体的产品特性时，一定要做到对事不对人，千万不要掺杂进去任何的“杂质”，导致客户的犹疑不决。

引导出价值感：强调事实，同时也要将产品带来的价值作为分析对象加以研究，在很多情况下，这是必不可少的分析过程。你可以将产品的品牌认可度、性价比和服务态度、特殊优势作为客观情况列举出来，然后由客户自己去分析和评判。这样，产品的价值将由理智型客户自己思考而得出，并非你强行给予的结果。

理智型客户希望能有足够的信息帮助他们思考，而你应该尽到销售者的责任，及时提供这些信息，从而解决存在于成功销售之前的种种困难。

与理智型客户的沟通忌讳

不能顾全大局：揪住细节不放，含沙射影

诋毁会被看穿：该忽略的细节

我的朋友Mike有着相当理智的性格，在消费观上，他也同样如此。某次，他同我分享了这样一次经历。

当时，Mike刚刚乔迁新居，打算购买一整套的真皮沙发。他和夫人来到家具城，一家一家进行比对，当然，在此之前，Mike已经事先了解了关于真皮沙发的一切细节问题，从价格到品牌，从挑选方法到保养方法，基本上算是半个专业人士。

Mike和夫人从一家比较不错的店面走出来，来到对面的店铺，销售代表并没有非常热情地迎接，而是保持着一定的距离，让Mike和夫人自由挑选。这点让Mike很满意，不久后，夫人就看中了一套黑色的真皮沙发，这时销售才过来，向Mike他们简单介绍了这款产品的特点，同时也指出了它虽然价格不菲，但实际性能和使用年限都是经得起检验的。

看起来，Mike虽然比较理智，也有所心动了。当他开始和夫人商量究竟在哪家店买的时候，销售代表忽然冒出来这么一段话：“刚才看您二位从对面来的吧，他们家的沙发材质不怎么样，我听说，好像都是在垃圾场旁边的工厂制作的，很不环保啊！”

Mike立即皱起了眉头，他想了想，离开了这家店，即使夫人大惑不解，他们还是放弃了在这里购买的想法。

Mike 自己解释说，虽然他并没有在对面那家店购买的愿望，然而以他对该品牌产品的了解来看，这种工厂选址在哪些地方的细节纯粹属于子虚乌有，即使是基于事实，也无法看出来同产品质量有什么关系。所以，销售代表这种画蛇添足试图以感受来打动 Mike 的方法，可以说是彻底归于失败。

这样“防范”理智型客户

在理智型客户看来，世界上很多事情都会自然而然地发生，自己只应该从旁观者的角度来观察，而不应当受到外界的打扰，更不应当受到情绪和感觉的干扰。因此，他们既不愿意自己无知无能，也不愿意自己有求或打扰别人，更不喜欢自己的思考被别人干扰。销售者应该知道这样的“雷区”，以免冒犯到了他们的独特性格。

切忌乱找细节：销售者想影响理智型客户的判断，但不能通过乱发掘细节来影响，因为毫无理由或者依据地去开发细节，等于凭借印象去引导客户的判断，这对于理智型客户来说无异于一种侮辱。因此，销售者只应该指出那些特别明显的细节，帮助你进行有效推销，而其他方面的细节则不妨暂时低调处理。

切忌胡乱越位：如果理智型客户没有请求你的意见，那么，在他犹豫或者对比的时候，你最好谨慎考虑自己的言辞。这是因为销售者如果随便越位，从产品的范围走到了理智型客户的思考半径，试图以自己的力量来影响他们判断的话，理智型客户就会感受到自身安全受到了威胁，并很可能因此焦躁不安。

切忌表现出斗争性：在人际关系上，理智型客户不喜欢斗争，因此当有人违反游戏规则时，他们不会主动要求对方改正错误，而他们自己也不会有什么明显的反应。但在内心中，他们已经为这样的人打出分数。如果在销售中，销售者违反了在理智型客户看来必须坚持的职业道德底线，那么，他们虽然不会因此讨厌你，但会据此怀疑你所说过的话，这样，理智型客户必定会离开你。

理智型客户没有那么多幽默感和联想力，他们喜欢按部就班地工作和思考，所以，你的销售也不必抓住太多细节甚至信口开河，毕竟你所说的每句话都会成为理智型客户是否选择的依据。

 不能理清逻辑：信口胡说，没条理，逻辑混乱

缺少准备的代价：销售代表Gin

Gin在广告公司工作，除了参与项目设计之外，她也担任同客户的沟通工作。某次，一家汽车商贸公司，想要在当地平面媒体推出广告，他们希望先看到样品，然后再决定是否签合同。

经过Gin和同事们的共同努力，一份不错的样品已经成型。Gin将样品存在自己的笔记本电脑内，来到了客户的办公室。客户代表成经理仔细地查看了样品的图形，阅读了文字，然后提出了这样一个问题：“这份样品的设计过程中，设计师是怎样结合本产品特点的？”

Gin事先准备的是设计过程中自己所接触到的创意，并没有想到客户会问到这样“空泛”的问题。她清清嗓子，回答道：“贵公司的产品，质量蛮出色的，性能好像也比其他产品优越，所以，我们在设计过程中，应该说主要是考虑到怎样表现这些方面。所以，设计过程中我们主要想到了在图案上对外形的精确体现，还有对人性化功能的强调。当然，这和我们公司设计人员的功能也分不开，还得力于领导的关心，以及贵公司人员的配合……”

Gin说完以后，客户并没有满意地露出微笑，相反，成经理的脸上笼起了一层阴云。过了一会儿，谈判继续进行，可Gin明显发现成经理的注

意力并没有之前集中了。

这次谈判最后以告吹而结束，Gin 后来告诉我，她在回答成经理提问的时候，并没有明确的逻辑，感觉自己是在信口回答，缺乏必要的条理性。成经理作为一名理智型的客户代表，当然对这样的回答并不满意，因为 Gin 甚至连他们产品最强调的特色“舒适感”也没有抓住，更不用说把整个设计过程中的理念体现出来，作为理智型的客户，自然无法接受这样的表达方式。

这样向理智型客户学习

销售者应当有必要向理智型客户学习，将自己的表达整理清楚，将销售思路完整地传递出来。这并不仅仅是面向理智型客户需要做到的，也是同任何客户接触时所应当运用的能力。

加强条理性练习：销售人员应当在平时就抓住一切机会，陈述较为复杂的情况。比如，面向你的同事，介绍一段产品的特性，或者面向你的家人，介绍公司的业务成绩等，在这样的练习中，如果你说完一段话，对方能够重复出来，那么你的表达条理性就属于不错的阶段，反之，如果对方完全无法重复或者弄错了意思，你就应当继续推进自己的条理性练习，直到成为表达高手。

用数字来串联思维：很多组织的领导，抑或成功的演讲家，都精通用数字串联思维的能力。比如，“我的讲话有五点内容”“这项产品带给你三种不同体验”。用数字串联的好处，既可以提高自己的思维整合能力，帮助自己记忆要点，也可以让客户听懂你将说什么，迅速把握住你表达的重点。因此，数字串联思维必须开门见山地加以表现，而不能混杂在谈话中，让客户无从发现。

精确词和重点词：想锻炼出让理智型客户都能刮目相看的表达逻辑，

就应该用好“精确词”和“重点词”。前者是指在谈话中尽量屏蔽“大概”“好像”“差不多”之类的词语，而后者是指谈话中应该尽量围绕几个关键的重点词语进行。这样，客户不仅会远离那些让他们不胜其烦的模糊概念，也能够提纲挈领，从一开始就清楚自己将得到怎样的信息。

逻辑性是销售者必备的素质之一，越清晰的逻辑，将越能够帮助你得到理智型客户的认可，并继而获得他们签下的订单。

谈判宝鉴

距离适度：保持短信联系，也要保持距离

太自以为是：客户并不想做朋友

工业泵阀产品的销售员萧文听说过这样一句话：“所有的客户都需要去盯。”因此，萧文养成了习惯，尽力抓住时间的空隙去和客户拉近关系。某次，萧文拜访了一位民营企业的副总G，他三十多岁的年纪，戴着眼镜，具有相当的理性思维特点。在交谈中，G总谈到了市场上所有同类产品的性能，可谓了如指掌，然后，他仔细地看完萧文带来的产品功能说明书，又了解完产品的评测情况，最后，G总留给萧文一张名片：“我们再研究研究，有需要的时候，一定联系你。”

萧文觉得这可能是G总并不了解自己这个人，于是，在告辞以后的第二天，他开始频繁联系G总。首先是“电话轰炸”，萧文每天两个电话，先是向G总问好，然后又想请他出来“坐坐”，接着又是有意无意地打听最近对方有什么大项目。其次是“邮件轰炸”，萧文每天一封邮件，把自

己的新产品情况向对方介绍，又把公司的合作项目向对方展示，搞得G总每天一登录邮箱就能看见萧文的新邮件。最后是"小礼品轰炸"，萧文每到一个地方出差，就会购买那里的小纪念品，然后在邮件里说一声，就直接用快递寄到G总的办公室。

这样持续了一个月左右，G总实在不耐烦起来，他直接把萧文加到自己手机和电脑的黑名单里，不再联系。萧文直到这时才明白，原来并不是所有的客户都要用这种方式去盯。

所谓"客户要盯"或许有其一定的道理，然而，"盯"的方式、方法和程度则应该因人而异。对于理智型客户来说，错误的跟进，不但无法拉近双方的距离，反而对他们是一种莫名的压力，以至于让理智型客户选择放弃同你可能的合作。因此，掌握正确的接近和跟进方法，对于你同理智型客户打交道来说必不可少。

这样保持同理智型客户的距离

理智型客户或多或少将自己看做远离人世的高人隐士，他们注重自己内心世界的完整，希望自己处在绝对自由的状态，能够在自己的环境中不受到干扰和控制，减少不应该受到的压力。正因为如此，过于近的人际关系距离，会导致他们主动后退和远离。因此，作为销售人员，如何接近理智型客户需要相应的方法。

保持距离原则：在面对客户时，销售人员需要记住的是"3米原则"，即离客户还有3米的时候，就应该主动和他们打招呼，并露出微笑表情，同时进行柔和的目光接触。如果到距离过近的时候才能做出上述表情，就会因为过于陌生而让理智型客户感到不舒服，相反，过早地流露出热情，又会让他们感到被高调对待，从而感到压力过大。

寻找良好时机接触：对于理智型客户来说，他们自己知道什么时候接触销售员最好，如果不是有良好的时机而贸然出击，那么销售员将很可能陷入到萧文那样的困境中。一般来说，良好时机会在一定的接触基础中产生，你可以每周发两条短信或邮件，同客户保持联系，而当他们回复的较为详细，或者提出的问题较为实际时，就可以进行仔细地介绍，同时帮助他们确立购买的信心。

选择好正确理由接触：即使销售员想要接触理智型客户，也不应当抱着“我要来推销”这样直接的目的性。这种过于直接的态度，很可能让客户感到过于直接，而打扰他原本比较平静的职场空间。与之相比，你应该学会选择“推荐好的产品”“交流新的机会”“介绍客户”“公司活动”等不同的理由，让对方在心理上有良好的缓冲，并能顺利接受。

理智型的客户会有不同区分，因此，我无法给出具体的适度距离，你需要做的是把握好“适度距离”的行事原则，观察不同客户的性格区别，把握好客户关系的培养尺度。

保持理智：理智型客户面前不得感情用事

感情外溢：他们眼中的大破绽

某金融机构经理兰姐是银行销售员 Monica 的老客户，她俩除了业务上有相当牢固的关系外，私人关系也不错。有时候，Monica 会专门陪兰姐上街购物，或者同她一块泡泡吧。

某次，Monica 接到一个新的任务，要求她在短期推销出几笔个人贷款。她想到兰姐曾经抱怨说丈夫做的生意需要资金周转，却拿不到适合的贷款源头。于是，Monica 便找机会约出了以精明著称的兰姐，希望能向她介绍这笔贷款。然而，兰姐听完介绍，掏出计算器算了一会儿道：“小妹，不好意思，这笔贷款我们恐怕不能贷。因为利率还不是最理想的，真是抱歉了。”

Monica本来觉得两人关系不错，应该势在必得，这时听见兰姐这么说，脸色便立即低沉了下来。她半真半假地伸手拍了下兰姐的胳膊，说道：“兰姐，前几批业务，我都给您打了不少折扣，这次您可是一点没有照顾我！”兰姐也多少有点尴尬，笑了笑没说什么。

到了另一次谈论公司业务时，Monica似乎还是未能释怀，这次，她从潜意识就想抬高价格，不愿有一点让步。兰姐果然同意了，并给出了最优惠的报价。Monica觉得，这次“耍脾气”还是起到了作用。没想到，从此以后，兰姐再也没有同她有任何联系，也不再同她合作任何业务了。

能够同理智型的兰姐成为朋友，应该说是Monica的努力带来的成果。然而，在私下交往和生意洽谈中，她没有把握好感情外溢的程度，甚至将私人好恶带进了销售过程中，这样，Monica最终失去了兰姐这样的客户，也失去了自己未来更多的销售业绩。

这样同理智型客户交流情感

理智型的客户也是人，有着和别人相同的情感。然而，理智型客户的情感总是比较深沉的，再加上双方各自的利益博弈，势必使得情感交流起来并没有那么容易。采取正确的方式交流情感，才能让我们在销售中如鱼得水。

不要为小事伤害感情：销售同客户培养情感，是为了获取长远和稳定的利益，而不仅仅是朋友关系。因此，不应该因为小事破坏彼此之间的情感，更不能伤害对方的自尊心。对于理智型客户来说，他们较为敏感，常常会抑制不住地对于一些细节进行详细的分析，一旦他们认为你的情感表达伤害了其自尊，会认为双方的合作关系已经破裂，并因此真正放弃合作可能。

不要有“过激”话语：和理智型客户交流，要做到绝对的一是一二是二，任何过激的语言都不应当说出。比如，“这次合作，我们赔本太多了”，而实际上，只是赚少了点而已。这种夸张的表态，带上太多情感流露，会让理智型客户感到相当反感，因为他们并不喜欢这种试图扭曲事实的表达方式。

不用带上太多情感销售：销售者可以带入自己的情感进入销售角色，然而，对于理智型客户来说，太富于情感的销售员，其表现往往会脱离对产品的实际了解，而加入自己的理解角度。比如，“这款产品我非常喜爱，因为它带来的感觉很好……”等。在重视感受的自我型客户来看，这种表达可能让他引起很多感触，而对于理智型客户来说，则不啻为搅乱他视线的烟幕弹。

面向理智型客户的销售工作，需要相当精确。而在这个过程中，销售者必须要学会合理控制好自己的情感。

是什么让原一平在谈判中战胜了理智的对手

原一平是日本寿险推销冠军，他曾说过："要让客户购买你的保险，就必须要有让客户信服的理由。应该站在客户的立场，多为客户考虑，对客户动之以情，晓之以理，找到让他们信服的理由。这样，就不愁他们不买你的保险了。"

原一平去拜访的客户是一位退役军人。这位老人继承了所有军人的脾气：刚正固执，说一不二，属于那种非常理智的人。对于这样的客户，必须对其讲道理，如果没有让他信服的充分的理由，即使讲再多的话也是白费心机、徒劳无功的。下面是两人的对话。

原一平："保险是必需品，是人们生活中不可缺少的。"

老人："年轻人确实需要保险，他们的人生道路还很长。我就不同了，已经老了，也没有子女，因此不需要保险。"

原一平："您这种观念就有很大的偏差，正是因为您没有子女，所以我才热心地劝您购买保险。"

老人："道理何在呢?"

原一平："没有什么特别的理由。"

显然，这一答复完全出乎军人的意料之外。他露出诧异的神情，说："如果你能说出令我信服的理由，我就投保，否则，请你马上出去。我非常讨厌推销保险的人。"

原一平故意压低音调，说：“我国有句古话‘为人妻者，没有子女在膝下承欢，是人生中最寂寞的事情。’可是，既然作为夫妻，单单责怪妻子一个人不能生育，这是很不公平的，这样的责任需要夫妻两人一起承担。因此，作为丈夫，就应该好好善待妻子才对。”

老人点点头，很认可这句话，并没有插嘴，等着原一平继续说下去。

原一平：“那些有儿女的夫妻，即使丈夫不幸去世了，儿女们还能安慰独自活着的伤心的母亲，还可以承担起赡养老人的责任。可是一个没有儿女的妇人，一旦丈夫去世后，留给她的就只有孤独、哀伤和忧愁了。您刚才说年轻人的路还很长，赞成年轻人投保，其实年轻的寡妇还有再嫁的机会，她们还可以重新找到依靠的人。可是您的情形就不同了，您没有子女，如果有个万一，那么尊夫人该怎么办呢？”

老人沉默了一分钟，一会儿他点点头，说：“年轻人，你讲得很有道理，这张保单我签了！”

案例分析

对于这位理智的老人来说，他似乎真的没有购买保险的理由，可是原一平却从老人的话中听出，他对家人的考虑才是他唯一的弱点，真正能够让他信服的理由，就是为他的家人考虑：万一他不在了，谁来照顾孤独的妻子？原一平利用这一缺口，对理智的老人通过讲道理攻心突破，终于以理服人，签下了保单。

案例总结

相较于“自我型”客户的右脑型思维来说，“理智型”客户就属于“左脑型思维”，他们对商品的要求很苛刻，绝对不会因为喜爱而买一些不实用的东西。当然，这种“难缠客户”的优点也正是他们的缺点：他们讲道理，重事实，如果你有足以让他们信服的购买商品的理由的话，这种客户还是很好说话的。因此，销售人员面对这种类型的客户时，可以先了解他们真正的需求，然后从他们的需求入手，打破他们牢固的心理“防范”，然后再将自己产品的优点和特点向他们一一展示，凸显自己产品的优势，这样就能顺利拿下客户了。对于讨厌感情的这类客户，必须以理性对待，以道理服人，不要妄想通过展示你的弱小来博得他们的同情心，那样肯定会招致失败。

“解决”理智型客户话术示例

• 与理智型客户交流，一定要以理服人，用数据和事实论据说服对方。

例如，“这张保单直接关系到您和您家人的切身利益，您可以从中获得……”“这是我们公司产品的测试数据，每一项都符合全球最先进的工艺……”

• 与理智型客户谈判，一定要顾全大局，不要被小事牵绊住前进的脚步。

例如，“从整体利益考虑，您这样做对公司有百利而无一害……”

• 与理智型客户交谈，要学会保持相应的距离，理智型客户不喜欢靠得太近，他们相信“距离产生美”。

例如，“您可以先考虑一下，我们过会儿再谈……”

• 与理智型客户交流，一定要保持理智，不要带强烈的个人色彩。

例如，“这项产品已经获得了国家相关部门的认证，而且销量很好……”

第七章

6号疑惑型客户：总是感觉谈判桌上十面埋伏

如何辨识疑惑型客户

发现疑问：通过对方焦虑的表情判断是否有疑惑

疑惑型客户代表：某公司大厅仓库主管 Remond

在员工们看来，在整个业务大厅里，仓库主管 Remond 绝对是最谨慎的人之一。他每天都在担心各种状况的思考中度过："仓库的货柜整理清楚了吗?""领导会不会今天就来视察?""进货单和提货单有没有整理好?""你们的防火检查做过了吗?""有没有人今天上班不在状态?""各位是不是忽视了安全守则?"……每天，Remond 都会有如例行公事一般，向自己和下属们询问这些问题，有时候，这种不安的状态真的会影响到整个团队的心情。

不过，大多数情况下，Remond 还是非常称职的主管，他的心思非常缜密，在工作手册上，他详细记录了自己管辖范围内的所有事务。无论是仓库每天的进出货，还是下属们的工作出勤情况，以及货柜的摆放整理记录，他都一一仔细地收集并记录，甚至连其他人并不在乎的一些细节，也会详细而忠实地加以记载。正因为如此，一旦他自己作出的决定，就不再会有什么问题，公司高层对他也非常放心——因为这正是一位好后勤主管的特点：不去追求多么辉煌的成功，但一定会努力将风险降低，默默地帮助整个团队获得顺利发展的机遇，甘做红花底下的绿叶。

Remond 不仅对于工作抱有这样的态度，对自己的生活也同样如此。据说，曾经有家新成立的企业企图挖他跳槽，给出的工资是现在的两倍，但 Remond 对于这家新公司的发展潜力并不信任，因此坚决拒绝。而平常，Remond 在公司是出名的热心人，他曾经主动开车送忙于工作的员工的孩子上医院，还有为家庭遭遇变故的同事发起捐款，但这些事情 Remond 却很少提及，只是默默完成。

疑惑型客户的特点正如其名称所显示，他们总是在怀疑客观情况，并怀疑别人。这并非疑惑型人格天生具有恐惧症或什么恶意，而是因为他们的注意力总是会集中在风险较高的方面，因此把精力投入到追求安全感上。仓库主管 Remond 就是典型的代表，他能够预见仓库管理中的很多风险，虽然不能做出太多创新工作，但已经足够成为一名领导眼中合格乃至优秀的主管。

这样辨识疑惑型客户

疑惑型客户的思维大多属于逆向型思维方式。对于任何情况——无论是公司的决策，或者是生活中遭遇的小事。他们并不愿意积极主动（或者是自欺欺人）地发现有利有益的一面，而是首先问自己：这种情况里的风险因素何在？我们该怎样评判和规避它们？记住疑惑型客户的这种思考特点，相信你能比较轻易地从客户群中分辨出他们来。

看待事物的态度：疑惑型客户不会迅速肯定任何一件事或任何一种行为，他们绝不会像理想主义者那样冒冒失失地冲动，因为一种良好的愿望就出头。相反，他们更愿意反复地追寻答案，通过自我探索和实验，以及对外界的适应，从而最后下定决心来从事或拒绝某种行为。另外，在疑惑型客户看来，任何事物中总会隐藏着危机，而质疑和怀疑并指出危机的存在，则是他们当仁不让的义务所在，正因为如此，他们和人交往时并不总是相信他们的安全感，除非碰上能带给他们真实安全感的人。如果你碰上对产品一直不置可否的客户，同时也不表现自己的态度，那么很有可能他就是疑惑型人格。

缺乏积极性：疑惑型客户能够寻找到自己足够的人脉空间，但他们并不愿意积极地表现自己，通常，他们都愿意假装消失在大家的背后，因为不管暴露自己的优点还是缺点，都会带来疑惑型客户想象中的危险。我曾经认识一位很有才华的年轻人，在公司他总是默默地作出贡献，但并不喜欢在会议上谈论自己的业绩或分享自己的成功经验，他的理由是“公司的人事斗争太复杂，我不想在拥有足够资历之前就被人视为对手”。这位年轻人的态度很好地诠释了什么是真正的疑惑型人格。如果你碰上对待产品的观察、试用和评价等都看上去不太热心的客户，不用怀疑，他们是疑惑型客户的可能性很大。

超级观察力：如果你认识的朋友总是在关键时刻说出某件事物的细节，而平时却并不主动地同大家交流这些细节，那么他很有可能就是疑惑型人格。在疑惑型客户看来，世界是充满各种各样主观或客观的伪装，这些伪装可能暂时蒙蔽着人们的双眼，也可能一直蒙蔽，为了对抗这种伪装，他们有义务为朋友和团队进行观察，为了得到伪装下面的真实，他有可能不停地观察下去，甚至为了追寻答案而不停奋斗。但反过来看，他们的这种超级观察力又让不少人感到厌倦甚至反感，这是因为没人愿意生活在科学实验般的关注中。同时，疑惑型客户为了观察别人是否真实，而总是将自己放在并不坦率的状态中，这一点也让人多少有点不快。如果你遇上对于市场、工作或产品细节总能说得很准确，但又说得很少的客户，他们往往应该被贴上疑惑型的标签了。

疑惑型客户是国有企业或大企业中层领导中最多的一种，因此，明白怎样发现疑惑型客户，会对我们同这个层次的客户打交道有相当大的裨益。

分析冲突：是什么令他闷闷不乐

客户总有困惑：了解他的烦恼

信用卡销售代表Hayden接触客户Tiki主任已经有一段时间了，Tiki主任是某个国有事业单位的领导，该单位准备以集体参与的形式，为单位所有成员各办一张大额信用卡，Hayden听说以后，积极运作，终于得到了同Tiki主任接触的机会。

然而，几次谈话下来，Hayden发现Tiki主任有相当多的疑虑。这些疑虑频繁地在谈话中被他提出来，让Hayden几乎应接不暇。

"Tiki主任，我们银行的信誉度非常好，提供的服务也是最有品质的。"

"哦？可是，上次我在报纸上还看到用户和你们的争议，引发了媒体关注……"

"Tiki主任，这种信用卡还款周期长，特别适合贵单位这样需要经常性出差又不方便携带现金的情况。"

"是吗？但是我们现在下发的工资银联卡也不错，而且似乎还更安全。"

"Tiki主任，信用卡使用非常方便，没有太多安全隐患。"

"其实吧，小伙子，上次我看了个新闻，你们现在的年轻人，怎么说呢，都喜欢消费……哈哈，我不是说消费不好……只是消费要注意小心，比如，信用卡的使用……我在新闻上看见，有位用户丢失了信用卡，因为没设置密码，结果被人刷爆，损失惨重啊……"

"Tiki主任，我们信用卡的额度很大，不用担心会刷爆。"

"真的吗？问题是额度越大，风险也越大。比如我们的员工万一会控制不住自己的消费欲望，在生活中无节制地刷卡，也会对他们的财务状况和工作状态造成影响。你看是不是啊？”

类似的对话充斥在两人的谈判中，Hayden 无法去说服 Tiki 主任接受自己的产品，而 Tiki 主任总是显得闷闷不乐，导致知沟通的不畅。最终，这家单位的办卡计划被取消了。

对于 Tiki 主任在会谈中的疑惑表现，Hayden 并没有做出积极的回应。实际上，就算我们说 Hayden 对此毫无准备因而造成这种表现，也并不算过分。这是因为 Hayden 作为一名销售人员，过多地以自己的视角来看待客户，而没有充分理解客户作为一名疑惑型人格作出的正常反应。实际上，如果 Hayden 能够很好地理解 Tiki 主任的性格，就能适应甚至预测他在会谈中的疑惑和不自信，究竟从何而来，又如何导致他的闷闷不乐。

这样理解疑惑型客户

疑惑型客户永远在担心是否存在风险，同样，他们也担心这样的担心是否被人所理解。事实上，在国有企业或者大企业担任中层领导的角色，会激发并扩张疑惑型客户身上的种种缺点，比如，经常性地过分担心，抑或不愿对事物做出积极进取性的试探等，都会导致他们即使在自己做主的谈判中，也会不由自主地产生冲突，并导致心情低落。一般来说，中层领导角色的疑惑型客户，通常在以下三个方面的问题上非常纠结。

怎样准确表达自己的意图：疑惑型客户在谈话中经常会有这样的想法：“我应该如何表达，才能让对方觉得理解透彻？但是我又不能直接说出观点，这样无法佐证，应该举出必要的例子，然后再加以总结。但是，如果没有理论表达，事例又不够证明……”结果，在这样的纠结中，疑惑型客户的表达变得混乱起来，似乎没有重点。其实，重点能更简单地加以表达出来，只不过疑惑型客户在对表达方式的疑虑中丢失了最简单的方法而已。如果销售者发现中层客户有这样喜欢“绕弯”说话的习惯，那么对方最大的可能就是疑惑型客户。

怎样让我相信对方：疑惑型客户最需要确定的，就是和自己谈话的人是否有威胁，而这种销售员带来的产品，是否有风险。即使疑惑型客户在人际关系和情感上愿意相信销售，但以脑部为主导的他们，并不能真正就做到如此相信你。因此，在谈话中，他们往往表现得有些许矛盾，一方面，他们希望你说的都是真的，希望你的产品确实如你表达的那样；而另一方面，他们又不知道如何去相信你，因为对于他们来说，总是要经过相当的考察和验证，获取足够的事实证据才能去相信一件事实。疑惑型客户就是这样既能接受你，又不愿意相信你，甚至因此而矛盾不已。

怎样做到所谈论的一切：疑惑型客户心中常常有不同的风险意识，所以，他们总是在想着如何看破他人，看清事物，从而找到风险。与此相对的是，他们的执行力并不算多强，往往因为过于关注风险，而导致不知道如何行动才是最正确的。结果，在同销售有关的谈话中，即使他们能设计出很好的购买计划，或者设想出自己的购买目标，但因为对风险的担忧，而不知道怎样实现上述的这些，哪怕曾经同销售认真地讨论过有关内容。疑惑型客户就是这样因为恐惧风险的心理，而行动迟缓，如果他们认为这是必要经过的阶段，就更可能因此陷入长时间的不安中。

疑惑型客户经常很纠结，明白他们纠结的原因，习惯他们纠结的表现，销售员才能做到对症下药，予以准确而迅速地破解。

与疑惑型客户的沟通方式

直接出击："表白"方式不能过于复杂

受到冷遇的 Jane

"我非常推荐您买这套楼盘。"售楼代表 Jane 对一位女客户这样介绍着。这位女客户眉头轻微皱着，看向她们面前的楼盘模型，眼神审视地在模型中间穿来穿去。

"您看，" Jane 指着模型说道，"我们这里的地理位置很优越，离市中心只有五分钟的距离；同时，我们的小区设计非常现代，既能闹中取静，配套又十分齐全。这里，您看，就是未来的业主活动中心，我们有很多的培训中心将要进驻这里；还有这儿，是业主幼儿园，孩子的教育问题从一开始我们就帮您考虑到。当然，在这里，是我们小区内的菜场，让您足不出户就能买到非常新鲜的蔬菜。街对面，就是最大的百货连锁公司，很快会加入我们服务的行列。对了，这个楼盘升值的希望很大，市政府已经把发展方向确定在这一块开始，而且附近已经向商业区建设发展，如果您不想自己居住，那么就算租出去也很划得来。如果您打算自己居住，我们在做售楼活动，还会赠送您五千元的装修大礼包。您看，这个机会很好啊……"

虽然 Jane 说得天花乱坠，结合着面前的模型，似乎在女客户面前打造起一个未来的梦幻小区，然而，疑云重重的女客户只是摇了摇头，迈步走向下一个楼盘。Jane 不知道，自己究竟哪里出了问题。

Jane 的问题在于，她把疑惑型客户想得过于简单了。疑惑型客户的特点在于永远有解决不了的疑惑，销售员不应该试图用一番话解决他们的疑惑，因为连他们自己也控制不了。你应该做的，是减少带给他们疑惑的可能，过多的介绍，反而会导致你在他们眼中越来越可疑，最后被淘汰出局，简而言之，对于疑惑型客户来说，销售说得越多，效果往往反而越差。

这样向疑惑型客户证明

急于向疑惑型客户说出自己所了解的一切，恨不得把所有同产品有关的信息都告诉对方，其结果就会如同 Jane 那样，受到莫名其妙的冷遇。其实，销售员在迅速而大量传递信息的同时，疑惑型客户已经启动了内心的屏蔽机制，他们会不断怀疑 Jane 所说出的每句话，并质疑其究竟有多少真实可信的部分。所以，错误的证明方法不亚于销售员自己结束自己的推销行为。只有结合了环境、背景和证据的传递，才能起到正面作用。

分出信息的层次：在向疑惑型客户传递信息的时候，销售者切忌将所有信息一股脑地堆砌出来，如果说对于某些客户这样做能够起到迅速让对方信服的作用，那么，对于疑惑型客户来说，只会让他被自己脑中冒出的一个个问号所淹没。“你为什么这么说”“真的有那么好”“销售这套我见多了”“还是等等吧”……正确做法应该是，分出信息的层次，首先将说服力最强、证据最多的信息列举出来，比如产品的质量、来源地和销售量这些“死”的东西，其次才是性能、感受和附加价值，最后才是服务、体验和品牌认同感等。让疑惑型客户能跟着你的层次步步深入，才能渐进而有效地达成销售目的。

结合对方情况：让疑惑型客户信服的另一种方法，是先准确说出对方的一些基本情况，这样将给对方造成“销售员很实在”的感受。比如，说出对方的大概购买目标，或者指出对方的实际要求等。一方面，这样你能让疑惑型客户相信你的动机，不至于怀疑你只是一味销售产品；另一方面，也能让疑惑型客户放下自己内心的防范意识，能够认真思考和分析你接下来说的话。

列举重要证明：无论你举出产品的任何信息，都需要列举出相关的证据加以证明，比如，Jane 的很多介绍，只是犹如预言，菜市场、幼儿园、社区活动中心、百货商厦等，并没有用各自的证据体现在真实范畴上，而看起来仅仅是一种预测，因此很难让疑惑型客户迅速接受。不妨先找到拥有稳定证据的信息加以证明。

主动提问：别总是等着对方发问，夺回话语权

抛出疑惑的 Pinky

在某珠宝展览会上，销售员 Pinky 正接待着一位从外省赶来参观的老年客户。这位客户头发花白，年龄六十多岁，看起来应该是退休的领导。她此时正仔细地端详着柜台里的钻石饰品，沉默地扫视着一件件发亮的首饰。

“您好，阿姨是想看看我们的产品吧。” Pinky 问道。这位阿姨只是表情严肃地点了点头，沉默地继续看下去。

“阿姨，现在珠宝首饰市场鱼目混珠的情况很多，您是不是担心东西的真假呢?” Pinky 善解人意地提问说。

阿姨抬起头说：“是的，小姑娘，你呀说到点子上了。我们家虽然有点经济能力，也不想买到假货啊。你们的东西怎么样?”

Pinky 笑了笑，从柜台里拿出测钻笔，介绍了使用方法，然后请阿姨将测钻笔对准钻石，进行检验。当滴滴声响起的时候，测钻笔上的绿灯明显地闪亮起来，客户脸上露出了满意的笑容。还没等她说话，Pinky 又接

着问："您会不会担心，这样的产品有没有正规的证书证明？放心，我们每件产品，都有国家珠宝协会颁发的证书。"

说着，Pinky将证书样品拿出来展示给客户看，鲜明有效的证书，让客户开始点头认可。

"当然，买东西还要看重价钱，不能吃亏，对吧？"Pinky还是保持着提问的风格，看见获得了客户的认可，她拿出笔记本电脑，调出市场价格表，然后把屏幕调整到客户能看见的地方："您看，这是我们对最热门的珠宝店最近的价格统计，我想我们的实惠应该已经一目了然啦。"

在事实面前，这位客户终于舒展了眉头，她选择购买了数万元的首饰，带回家送给晚辈。

对于疑惑型客户来说，他们经常会把自己的不安全感变成提问来向销售者"发难"，其实，这并不是他们的对抗性行为，而是希望获得安全感的本能举动。如果销售者能够在他们做出这样的行动之前，就积极出击，通过提问来获取对他们的话语权，就可以积极得到进一步介绍的机会，从而改变被疑惑型客户不断提问而逼入困境的可能性。

这样支持疑惑型客户

疑惑型客户内心询问自己最多的话题就是："他的哪些话是可以被事实证明的？"销售员应该清醒地认识到这一点，不能指望客户轻易地相信自己。

实际上，疑惑型客户支持你的可能仅限于以下条件：要么他本来就认同销售员的看法，要么他原来就很认可销售员的诚信度，要么就是有有力的证据。

考虑到客户内心原来的看法我们无从干预，所以，销售员必须通过主动提问，来让客户认识到你的诚信，并愿意在你的引导下认识和分析证据。做到上述的成果，下面这些条件不可少：

拿到话语权：无论如何，不要让自己的话语权被疑惑型客户拿走，否则，你将因他们提出的问题打乱销售的节奏。对于产品的疑问，疑惑型客户能瞬间产生许多，而其中每一个都期待你的回答，一旦他们先提出问题，就会在你没有回答之前又提出另一个，并最终因为你的猝不及防和无法完美作答，导致他们对你的信心丧失。而拿走话语权的你，会对所有问题已经成竹在胸，因此表现得自信和稳定，足以让疑惑型客户不再摇摆。

通过提问做代言人：疑惑型客户经常被自己封闭在自我思考的世界中，他们有时也感到自己喜欢担心，但又因为养成了习惯而无法自拔。如果在这种情况下，销售能够说出他们的疑惑，成为他们的代言人，无异于帮助他们缩短了交流的距离，减少了沟通的困难。可以想象，疑惑型客户一定会乐于接受你的提问，因为你问的正是他们的担心，而你如此果断地谈及他们的担心，正证明了你对产品的胸有成竹。

把证明放在答案中：直接告诉疑惑型客户关于产品的一切，他们会因为大量的信息无法考证而产生疑问。但当你将证明放在答案中后，会产生这样的效果：客户因为自己的疑问被你说中而产生信任，继而因为证明出现在你的答案中而产生信赖。试想，当本来多疑的客户发现你这样的销售值得信赖时，他又有什么理由来拒绝购买呢？因此，我强烈建议各位在销售中不要直接拿出证明，自问自答后的出示，将更有说服力。

销售者并不应当总是被动，疑惑型客户往往因为胆怯或骄傲而不愿意向销售方提问，因此，你必须保持自己的敏感度，帮助他们走进提问的阶段，并拿到属于你的话语权。

与疑惑型客户的沟通忌讳

过于热情：让一团疑惑的客户难以招架

谈判吃亏的 Login

“经理，H 公司的客户代表来了。”销售经理 Login 手下的业务员走进办公室报告说：“不过，这次是新的客户代表。”

“好，我们一定要热情地接待。”Login 一边站起身一边告诉正在讨论的几位手下：“前几次，接待效果很好，相信这次也会不错。”

一行人走到会议室，看见对方有三名客户代表，其中负责的人做了自我介绍，他姓姜，是负责技术业务的骨干。不苟言笑的他衣着严谨，头发一丝不乱地向后梳去，说话的时候眼睛眨动得相当快速。

Login 热情地老远便几步跨过去说：“欢迎欢迎！姜先生你们远道而来辛苦了！”接着，罗经理紧紧握住姜经理的手上下晃动，半天没有松开，嘴上还不停地吩咐：“快拿冷饮来，空调开低一点……”

寒暄了半天，双方开始讨论业务。Login 并没有直接说产品，而是继续热情地说道：“姜经理，今天你们刚来，太辛苦了，既然我们有两天时间，要不今天下午就不谈事，待会儿去我们的生产基地看一看，晚上，我们去避暑山庄，我来请客，今天我们是初次认识，哈哈哈……”

姜经理同手下面面相觑地对视了一眼，说：“罗经理，要不我们还是直接开始吧，说实话，我现在对你们的产品，一点信心都没有……”看着并不领情的客户，Login 愣住了。

这次谈判最后虽然成功，但销售的价格却使 Login 方面吃了不小的亏。Login 是我培训班的学员，他一直觉得自己是领袖型的人格，所以待人接物相当热情大方。然而，在这次挫折以后，他渐渐明白，并非对于所有类型的客户，都可以采用一视同仁的热情处理，尤其是对于疑惑型客户来说，“冷处理”往往更加有效。

这样接待疑惑型客户

接待客户并不仅仅是互相介绍姓名、职位或者寒暄那么简单，对于有经验的销售能手来说，接待客户有着各种各样的方法和原则，而面向疑惑型客户的原则就是“严谨、规矩而大方”，所起到的作用应该是能让对方感到足够的安全。与之相反，如果采用 Login 那样热情的态度，对待疑惑型客户或许已经“过犹不及”。

正确的接待态度，可以由以下几方面原则组成：

始终给对方尊称：在接待疑惑型客户的过程中，他们很在意你是如何称呼他们的。最好的方法是用姓加上头衔或职务来称呼，而“×先生”“×女士”之类的称呼过于普通和泛指，会让疑惑型客户就此产生疑问，怀疑你给予他们的重视度。另外，在初次接触中，销售应少用“你”“你们公司”这样直接的代指，而应当用“您”“贵公司”这样的尊称，否则，对方一定会觉得你过于主动地套近乎，背后则隐藏着某种目的性。

不用总是在微笑：疑惑型客户并不太在意你是否笑容可掬，对他们来说，商场上的笑容大多可能包藏祸心，而一本正经地谈话，反而是真正的开诚布公。另外，这也和他们自己不愿意公开内心有关，因为一旦你笑容可掬，他们也必须出于礼貌而堆出笑容。对于疑惑型客户这样的人格来说，这种事情会让他们相当疲劳，甚至想早点结束谈判。

先谈业务更好：某些销售经理在面向对方较高级别的客户代表时，会习惯性地认为一上来就谈业务而不是表现热情，会伤害他们的自尊心和情感。然而，对于疑惑型客户大可不必有如此担心，须知，无论他们具有怎样的地位，在销售面前，始终都是一名客户，而且心怀疑虑，亟待解决。此时最好的接待方法，就是帮助他们解决内心疑问，而不是让他们更加"添堵"的热情。

热情虽然必不可少，但对于销售者来说，把握好热情的时间、地点和程度，在销售实践中将更加重要。

 关系不明：称兄道弟或建立权威关系

关系错位的 Jimmy

销售代表 Jimmy 长期在江浙一带推销自动化阀门，和好几个县城的民营企业家都有了良好的合作关系，某次，Ang 厂长给 Jimmy 介绍了一位姓袁的新客户，这位袁总是 Ang 厂长的远房亲戚，关系向来不错。

Jimmy 很快找到机会，约了袁总见面。他递给袁总名片后，对方仔细地看了两眼放下然后说："你好，Jimmy 先生，您和 Ang 厂长有长期的合作关系咯?"

"当然，当然，我和 Ang 厂长处得像兄弟一样，他的亲戚那就是我的亲戚啊。" Jimmy 拍着胸脯说道。

"啊……不用不用……" 袁总微皱眉头，摇摆双手，脸上流露出几分不太高兴的神色。

Jimmy 没想到对方如此在意这句话，顿时有点尴尬不知怎样回答，好在袁总及时找到话题，同他谈起了自动阀门的市场情况。看到话题转向他熟悉的方向，Jimmy 又有了自信，他开始频频向袁总提到自己过往的业绩，接触过的客户，以及掌握的产品知识，好几次袁总都沉默地听着 Jimmy 对产品发表滔滔不绝的意见。

最终，袁总借口还要开个会，匆匆结束了这次谈话，而Jimmy还是不明白，为什么老客户却介绍来一个如此冷漠的亲戚。

Jimmy的性格我很熟悉，他是典型的娱乐型人格，无论怎样的环境或者关系，他都希望能游刃有余轻松自如地相处其中。然而，当这样的态度碰上了疑惑型客户，似乎就并不适合了，本来就不太擅长表现自我和支持他人的疑惑型客户，很难仅仅依靠人脉关系，或者你的三言两句，就确立你和他之间的合作关系，对于疑惑型客户来说，这样的企图实在太过于草率了。

这样笼络疑惑型客户

获得疑惑型客户的信任，需要在一定程度上笼络他们，但是，像Jimmy那样的方法，只能导致南辕北辙。这是因为疑惑型客户既不是情感区间的人格，不会因为情感的支配而选择相信你，也不是本能区间的人格，不会因为自己的感觉而对你坦诚。想要做到笼络他们，并获取他们的真实意见，你起码应该做好下面三件事情。

表现坦诚：想要让疑惑型客户对你有好感，指出你和他认识熟悉的人之间存在良好关系并不足够，你必须指出你是怎样用坦诚来赢得所有人的尊重。比如，列举自己怎样帮助客户选择最好方案，或者自己怎样放弃短期利益而获取长期共赢等。对于疑惑型客户来说，他们宁愿相信这种直抒胸臆的销售者，也不喜欢那种并不表露性格只想用关系来取代一切观察程序的销售员。

引入权威：永远不要直接在疑惑型客户面前把自己打扮成权威，因为这代表你一开始就具有不可撼动的权威性，而这点恰恰是疑惑型客户不乐于接受的。对于他们来说，如果承认你的地位，无异于在质疑自己内心的怀疑，而不承认你的定位，又需要一定程度的观察。对此，你可以引用知名人物、专家学者、社会名流等，为你的产品和服务做出例证，以他们的论断作为权威，帮助疑惑型客户相信。

远离绝对化：不要向疑惑型客户强调你和产品的绝对化，比如“产品绝对完美”“必然无可挑剔”，这样的词语会让疑惑型客户感到并不真实，他们原本在内心升起的怀疑迷雾，会因此而变得更加扑朔迷离，逼迫他们放慢性子，更好地去观察。相反，如果销售者告诉他们哪些产品对他们更实用、更高效，而哪些产品功能不够实用，那么，他们会因为你的客观和辩证，选择真正地相信你。

疑惑型客户不相信感情，也不相信权威，他们相信自己看见的事实，因此，身为销售的你，无须寄希望于其他的沟通载体，而应当求助于强大的事实和逻辑。

谈判宝鉴

 适当幽默：配合幽默细胞，听从对方的分析

化解尴尬的 Dell

做室内装潢业务的销售员 Dell，同 G 公司的庞经理正在进行合作的谈判。

庞经理说：“你好，听说你们在业内做公司装潢业务很有一套，可以介绍一下吗?”

Dell 说：“当然，每次我都会先介绍下我们公司的历史业绩，您请看我们的宣传材料。”

（庞经理看完后）

庞经理说："看起来，和你们合作的客户还都比较满意，会不会有你们没有收到的意见呢？"

Dell 说："我看不会吧，要不这样，庞经理，要是您能发现我们遗漏的问题意见，我愿意代表本公司酬谢您一笔重重的感谢金！"

庞经理看着 Dell 认真的表情，还有说"重重的"时候那挥手的表情，不禁笑了起来。

谈判继续进行，话题进行到装潢以后公司办公室的使用率问题。

Dell 说："我们的装潢会最大程度保持您公司原来工作的氛围，举个例子吧，装潢前后，我可以保证您这里用于整理办公用具和资料的时间，不超过一个小时。"

庞经理说："数字这么精确？你怎么算出来的呢？"

Dell 说："当然精确了，因为我曾经和客户打赌，结果他因此输了我一顿海鲜。要不，您也试一试？"

看着 Dell 若无其事地回答着，庞经理心中的疙瘩也渐渐被抹平了。

有时候，一味地想劝说疑惑型客户放下心中的负担，反而会起到事与愿违的效果。如果能够在客户产生一定疑惑的时候，采用轻松或者幽默的话题，缓解他们内心的紧张情绪，转移他们的注意力，并激发他们内心的幽默感，产生会心一笑。那么，对方将有很大可能了解到你的诚意，并愿意倾听你之后的解释和证明。

这样宽慰疑惑型客户

疑惑型客户总是被自己的压力所劳累，他们既不想被各种各样的问题所打垮，也不愿意主动让自己的困扰被其他人知道。在这种情况下，销售者如果能主动把气氛引导得更加轻松开朗，就能化解客户的疑虑。以下的这些方式，对疑惑型客户相当有效。

用开玩笑方式释疑：疑惑型客户的某些担心是不必要的，但是，如果你直接指出他们担心的荒谬，不仅让他们处于难堪的地位，同时也会因为他们并不乐于接受你的批评而使气氛更加紧张。一些善意的玩笑，能够让疑惑型客户会心一笑，发现这些疑虑的确不太重要，从而感受到销售者的善意和诚信。

用暗示方法影响客户：和疑惑型客户交流时，销售者经常会发现存在“暗示”规律，即疑惑型客户会把自己所看见的状态，理解成为外界给他们投射出的暗示，并因为这种暗示而改变自己的认识和心境。比如，当销售者心思重重地进行谈判时，疑惑型客户就会怀疑“他是否在准备什么方案”，而当销售者能够开朗地适度幽默时，疑惑型客户内心的压力也会因为这种暗示而减弱。

转移他们对未来的注意力：疑惑型客户喜欢担忧“未来”。比如，在他们尚未下定决心购买时，却会过分担心产品的后续服务。面对这种情况，销售者过多解释是无法奏效的，不如通过分享一些工作中的趣事，或者提及一些能够吸引对方兴趣的轻松话题，从而把他们的注意力拉到“当下”，而不再纠结于未来。

适当的幽默，是谈判中的润滑油，是缓解谈判空气的清新剂。只要不失于油滑，相信你的幽默会受到疑惑型客户的真心欢迎。

解决问题：不要总是制造问题

做问题终结者：销售代表 Rucksa

“如果我采用你的客户服务端系统，那我们企业的内网需要改装，这个情况怎么办?”在电话中，某小公司的 Chan 总和销售经理 Rucksa 说道。

Rucksa上周向Chan总推荐了本公司的客户服务端系统，这套软件相当成熟，Chan总当时并没有提出多少疑问，但现在，他发现内网的改装成了问题，感到必须要向Rucksa提出。

Rucksa并没有想到Chan总这个问题，因为分公司刚刚创立，技术人员太少，根本忙不到Chan总的公司，但他一口应承下来："这样，Chan总，我过两三天给您一个解决方案。"

放下电话，Rucksa就联系了自己的同学——在某学院教计算机专业的小宋，他手下有好几个班的计算机专业学生，重新改装个企业的内网根本不算什么。Rucksa很快同他敲定，用帮忙的形式，请几位学生来替Chan总进行企业内网改装，完事以后，再帮他们重新安装服务器之类的操作系统，以便同客户服务端系统良好接驳。

问题很快解决了，Chan总甚至没想到Rucksa的"手下"如此迅速和圆满地完成了工作，连自己没有想到的细节也加以改善。他发了封邮件告诉Rucksa，今后如果有更好的机会，相信还能继续合作。

疑惑型客户最担心的就是问题的产生，放在Chan总面前的是他原来没有考虑到的问题，因此求助于销售代表。作为销售一方，即使并非合同里的内容，Rucksa也应该帮助Chan总处理好问题，否则，下次合作的时候，这次的阴影很可能浮现在对方眼前，而导致他们的内心压力过大，拒绝本有可能完成的销售。

这样替疑惑型客户分忧

如果销售者不仅能想到疑惑型客户的压力，同时还能以实际行动分担他们的压力，那么销售者在客户内心的评价一定会直线上升，成为他们另眼相看的合作方。不妨采用下面的方法去帮助他们。

主动指出问题：对于疑惑型客户没有发现的问题，销售者有必要帮助他们指出。某些销售基于短期利益，只想尽快地掏出客户口袋里的钱，而不愿意指出隐患，这将导致客户在遭遇问题之后，归咎于销售者的故意隐瞒，从而导致今后更大合作空间的丢失。

及时解决问题：当客户提出问题时，即使并非销售者的义务，你也应该尽自己可能帮助解决，而不是加以推诿，造成新的问题和困扰。比如，利用手中的人脉，或者借用技术资源，帮助客户解决问题，也能得到他们发自内心的欣赏和支持。

准确预测问题：对于可能发生的问题，销售者应该凭借自己的知识和经验，加以准确预测。尤其是对于同高层客户的接触中，更应该时刻留心，并向这些高层客户指出问题产生的起源、背景、过程和可能发生的情况。一旦发生问题，对方会马上想到你的建议，并因此认可你的服务态度和能力水平，即使不发生同样的问题，你也并不会因此有所损失。

汤姆·霍普金斯如何巧妙解决了谈判中的疑惑

汤姆·霍普金斯："听您在电话里说不太满意公司里办公室的现状？"

顾客："对，是这么回事。"

汤姆·霍普金斯："我听说您公司租用的办公室条件挺好的，那么，您遇到了什么样的问题呢？"

顾客："确实，这里的地段很好，而且租金也很便宜，我很喜欢目前这个地方，不过地方有点小了。我们公司将要增加20%的人手，地方就显得有些拥挤了，所以不知道该怎么办。"

汤姆·霍普金斯："如果我理解的不错的话，您不想换地方，只是想重新设计一下办公室来容纳多出来的员工，对吗？"

顾客："非常正确。"

汤姆·霍普金斯："很好，我们公司的设计师在有效利用空间方面最在行，他们完全可以按照您的要求在原有的基础上设计出足够大的空间。"

顾客："是吗？听起来似乎很好。但你们公司的设计真的可以达到我们的要求吗？"

汤姆·霍普金斯："哈哈，当然，我们的设计师就是专门做这个的，他们做过很多类似的设计，您可以看一下资料。（将资料拿给顾客看，以消除他疑惑的心理，事实胜于雄辩）您看，这就是我们公司的设计产品，这间办公室比您的小，而员工要更多。这说明您的办公室还有很多可以挖掘的储存空间。”

顾客：“嗯，不错，我喜欢这设计。”

汤姆·霍普金斯：“谢谢您的夸奖。那么，您还需要比较一下不同的设计公司吗?”

顾客：“我想有这个必要。”

汤姆·霍普金斯：“那您心目中有其他的设计公司吗?”

顾客：“还真没有。”

汤姆·霍普金斯：“那您选择设计公司的时候，主要想看哪些内容呢?”

顾客：“我想看看别的设计公司在过去做过什么样的设计。比如刚才你给我看的资料。更重要的是期限问题。”

汤姆·霍普金斯：“哦？您想在什么时候完工呢?”

顾客：“必须在8月1日前完成！这很重要。你们能做到吗?”

汤姆·霍普金斯：“时间是有些紧。不过我们公司全体动员，一定保证如期完成，绝不马虎。这点您可以完全放心！”

顾客：“嗯，实不相瞒，我也看过几家设计公司，但是他们都没有你这么干脆，我很满意。”

汤姆·霍普金斯：“谢谢您的夸奖。既然时间这么紧，那么您看，咱们是不是可以签订合约了呢？我们也可以马上开工，及早为您完工。”

顾客：“很好。”

案例分析

以上是世界销售之神汤姆·霍普金斯与顾客之间的一段精彩对话。作为业务代表，汤姆·霍普金斯接连使用了几种不同的询问方式，让顾客自己说出了心中的疑惑和需要解决的问题，并以此来制定策略，逐步解答了顾客的疑惑，最终取得成功。

案例总结

从上面的例子中我们可以看出，对于“疑惑型”客户，销售人员需要做的就是尽量以简洁的语言来解答客户的各种疑惑、消除他们的各种顾虑，达到这一目标后，合同也就能够顺利拿下了。千万不要在这种类型的客户面前对自己销售的产品遮遮掩掩或是态度过于热情，那样都会使客户对产品更加缺乏信心，自然也就不会购买商品了。

“解决”疑惑型客户话术示例

• 与疑惑型客户交流，要学会主动出击，问出客户的疑惑所在，进而帮其解决。

例如，“您喜欢什么款式的衣服?”“这种颜色您喜欢吗?”

• 与疑惑型客户谈判，要懂得从问题入手，直接解决问题，而不是制造新的问题。

例如，“您需要6月1日之前完工？完全没有问题，我们一定保证按时完工。”

• 与疑惑型客户交谈，要学会以幽默的谈话方式，来打消他们对氛围的不适。

例如，“对于您的怀疑，我表示理解，上次也是同样的问题，我和那位经理打赌，结果我赢了。要不咱们也来打个赌?”

• 与疑惑型客户交流，要学会关注客户，主动为对方分忧。

例如，“您这个问题我们已经考虑过了，应该……除此之外，我们还考虑到……”

第八章

7号活跃型客户：喜欢销售的美丽新世界

如何辨识活跃型客户

行为特征：充满活力、善于想象、追赶潮流、寻找快乐、反应敏捷

活跃型客户代表：快餐店店长 Darren

Darren 高中毕业后没有选择继续上学，实际上，喜欢玩的他对上学也没有多少兴趣，他早早地进入社会工作，做过小工，觉得太累而离开；当过司机，觉得太憋屈而辞职；又学过装修，觉得没意思而转行……直到有一天他忽发奇想，去某个厨师培训班学习厨艺，他才发现为别人做出一桌好菜，看他们狼吞虎咽地吃完，是世界上最有意思的工作。

从厨师培训班出来之后，Darren 先是在一家普通饭店工作，不久后，他的出色技艺在行业内有了名气，开始有酒店前来挖角。过来挖角的领导说，上班时间不多，可以有更多的时间给他，于是 Darren 欢天喜地选择了跳槽，即使工资根本没什么变化。

几年后，Darren 有了名气，也有了一些资本，他便选择了辞职，自己创办了一家快餐店。对此，他告诉别人说："自己当老板，可有意思了，再也不用看别人脸色，赚多赚少的，就是图一个自在。"即使别人不理解，觉得这样风险大，Darren 也只是微笑着耸耸肩膀而已。

在工作中，Darren 虽然是店长，却很少有老板的架子，他总是在第一

时间想到许多天马行空的计划，并不真正去探究它们背后实现的可能性，比如，给快餐店加上情侣座，顾客生日当天免单等，这些主意有时候让Darren自己都高兴得乐不可支。而只要看见这些计划能成功实现，Darren就会因为它们的独特而备感骄傲和自豪。

幸运的是，Darren的快餐店顾客主要都是周围的年轻白领，因此，他们也很欣赏这样的风格。快餐店的业务蒸蒸日上，充满个性的设计和风格，赢得了大量的客户。对此，Darren总是告诉员工，这个世界想要成功，就一定要学会享受成功之路，将吃苦看做快乐。

Darren不愿意面对人生的压力、工作的辛苦，因此，他从小就学会告诉自己，这个世界应该是充满快乐的。当然，这种自我暗示之后，是Darren尝试着去创造所有的快乐。因此，我们可以说，Darren是为了追求快乐而生存的人格，他是不折不扣的活跃型人格客户。

这样辨识活跃型客户

活跃型客户的风格充满了各种不安定因素，然而，这并不代表我们无法确定发现他们的方法。在日常同客户的接触中，活跃型客户往往因为他们与众不同的个性，而能够被我们从人群中“圈定”出来，成为我们客户名单中最不一样的特定对象。

眼神和行为：活跃型客户的眼神不会呆板，也不是那么庄重，不太会认真地关注某件事物。即使在讨论问题时，他的眼神也经常看起来是灵活而游动，比如，会下意识地左右看，会经常性地调整远近“焦距”。虽然前面的疑惑型客户眼神也有类似特点，然而，活跃型客户的眼神并不会像他们那样充满疑虑和焦急，而是为了他们追求新环境中快乐因素的本能。行动上，活跃型客户往往行动敏捷而迅速，一旦下定决心就会马上执行，比如，决定行车路线最快的往往是他们，去餐馆点菜最勤的也是他们，他们不喜欢拖泥带水的犹豫，这会让他们无从体验作决定的乐趣。

跳跃性思维：活跃型客户的思维也同样跳跃，即使刚才还谈论着电视上的时事新闻，下一句就有可能说到家门口那家刚刚换掉装潢风格的超市。对于其他人来说，这种跳跃性思维似乎无从跟上，但活跃型客户的想象力就是能够保证他们能相当轻松地在各个主题之间轻松转化，犹如电视遥控器那样简单方便。这种特点导致他们在谈话中永远不会缺少内容，无论是什么样的冷场情况，他们都能够一一加以化解，并继续更加有趣的话题。

外形和语言：活跃型客户有着各种各样的身材和外形，但无论他们高矮胖瘦如何，都会比较轻松自如地行动，不会像某些人格那样刻意保持自己端庄严肃的一面，更不会在重大时刻产生身体紧绷和僵硬的感觉。另外，他们的语言也丰富多彩，喜欢绘声绘色地讲述事情，用各种各样的形容词来加以表现，“好玩”“有趣”“闷”“无聊”“变化”“乐子”“约束”“快”“潇洒”等词语，会经常性地出现在他们的谈话中。

活跃型客户由于其独特的社交能力，具有大量的人脉资源，把握好他们，相信你可以从中受益良多。

偏好鉴定：爱看书、喜沟通、好贪玩

产品销售员 Larry

产品销售员 Larry 性格相当严肃，对自己要求相当高的他，总是除了拜访客户之外就是整理资料，很少真正去放松心情。某次，他认识了客户乐总。从乐总的身上，他发现了自己欠缺的那部分生活。

乐总爱好广泛，他的公司并不大，虽然也曾有机会将公司扩张到业界更高地位，然而，乐总并不奢求一定成为第一。他打理公司的时间基本上只有一半，剩下的一半时间里，乐总通常会选择看书、看电影、出外旅游、钓鱼或者收集自己喜欢的各种小古玩。

自从和乐总合作后，Larry 经常收到乐总发出的社交邀请。有时候，乐总会邀请 Larry 去他办公室观看他的新玩意，或者会邀请 Larry 坐他的旅行车去乡下钓鱼。

Larry 发现，对于乐总来说，购买汽车的原因，既不是为了应付上班路上的交通，也不是为了充自己公司的门面，而是能够找机会就享受自驾到任何一个地方的乐趣。从乐总的表现上，Larry 渐渐体会到，对于客户来说，汽车的品牌和功能也许是重要的，但最终他们中的许多人会将汽车当成一种玩具，而这种人就是以乐总为代表的活跃型客户。

乐总的爱好是很多客户都具备的，然而，通过他对事物不同于他人的爱好态度，Larry 发现了他的性格特点，并能在今后像乐总个人推荐产品时具备正确的方向，从而保证推销的事半功倍。

这样辨识活跃型客户的爱好

活跃型客户不会莫名其妙地跟风一种爱好，或者成为某项潮流的粉丝。在爱好这方面，他们不会根据一时的流行进行选择，这是因为他们本身是追寻快乐者，在认识爱好这方面，他们将之当成享受人生，会主动去寻找开心快乐，从而体现出他们多种多样的人生。正因为如此，如果你善于观察客户的爱好，就能从中发现他们是否为真正的活跃型性格。

具备阅读或相关爱好：活跃型客户，尤其是公司的高级管理人员，通常都具备阅读或者相关爱好的特点。这是因为既然身处高管位置，他们本身就需要进行充分的思考，而活跃型客户更会将思考当成挑战和乐趣。为了帮助自己获得更多的思考力，他们必须具备充分的阅读经验，在这个过程中，活跃型性格的高级管理人员大都能将阅读或者学习发展成为自己坚定的爱好而不会改变。

喜欢通过社交沟通：公司中层管理人员中的活跃型客户，大都认为社交沟通是自己借以向上发展的手段，同时，他们内心活跃的自我，也享受在社交中自己所扮演的重要角色。因此，活跃型客户不仅可以在社交沟通中善于表达和听话，也善于通过串联不同利益方面，更加享受自己的位置感，这样，他们经常就成为了在社交场上乐在其中的活跃分子。

最贪玩的一群人：对于公司基层员工来说，他们往往离所谓的成功人士还相差很远，而对功成名就的渴望则并没有那么强烈，身上背负的压力既然并不算重，他们当然乐于享受自己的玩乐时光。公司里最积极组织周末集体活动的人，抑或第一个做出节假日活动方案的人，或者每天下班都想集体出去“腐败”一次的人，都是这种贪玩类型活跃型人格的代表。不要忘了，很多情况下你确实需要和这些基层客户打交道才能得到最好的销售结果，因此，你必须学会观察他们的爱好，并有效加以迎合。

活跃型客户觉得，人生无非就是一场旅行，结果并不算最重要，只有享受过程才是最美好的。把握住这个特点去看待他们的爱好，你将认识到更立体的活跃型客户。

与活跃型客户的沟通方式

语言丰富：让肢体语言替你说话

学会活跃方式的 Godiva

同 Godiva 见面的第一次，销售代表 Tony 就觉得他与众不同。作为一名化学设备的生产设计工程师，他却根本没有其他工程师具备的那些学究气。无论是身穿的休闲打扮，还是谈吐中丰富多变的网络热门词语，都难以将他同印象中传统的理工科人才联系到一起。

Tony 很快想到，Godiva 的性格应该是典型的活跃型。第二次见面，介绍具体产品功能的时候，Tony 放弃了过去只依靠 PPT 来演示产品性能的方案，而是把 Godiva 直接带到了自己单位的实验室，在这里，Tony 他们推销的最新提纯设备模型正安静地等待人们的检阅。Tony 不管 Godiva 好奇的眼神，直接在他面前按动了模型的电钮，只见模型迅速地工作起来，添加进去的试剂很快被提纯成为可以利用的产品。模型一边工作，Tony 一边活动着手指关节，似乎这一切都是他亲手制造出来的一样。

虽然从头到尾 Tony 没说什么，但 Godiva 的兴趣立刻被调动起来，离开实验室的路上，他不停地询问 Tony 相关的技术问题，最后，Tony 成功地让 Godiva 签下了购买产品的意向书。这笔业务达成也就指日可待了。

活跃性客户的语言丰富是相当典型的，他们有着其他人格类型所不具备的想象力和词汇量，能够在需要的时候，任意地加以驱使和使用。当然，他们也是最容易欣赏丰富表达能力的对象，只要销售者采用的表达手段足够先进特别，能够引起他们的兴趣，他们很可能被这些手段所吸引，从而更加关注产品的重点。

这样向活跃型客户展示重点

活跃型客户相当明显的特点就是对自我的欣赏，正因为如此，他们希望看到别人也同自己一样活跃，具备充分的想象力，甚至能采用多种方法来做一件事，或者同时做好几件事。因此，在同他们的交流中，按部就班地去介绍产品和计划，可能并不是最佳选择。

多用形象化的语言：活跃型客户的思维大多是形象而跳跃的，他们无法忍受枯燥乏味的语言表达，和循序渐进的陈述。这些对于他们意味着无聊和空洞，甚至是在浪费他们珍视的时间，因为活跃型客户相信人生苦短，与其听没有意义的话不如早点结束谈判。相反，运用肢体语言，或者使用具体形象作为表达的手段，能够引起他们的兴趣，并将之集中在具体的意象上，从而成为较好的表达载体。

使用一定的悬念：曾经有个这样的销售案例，销售者知道客户是活跃型性格，他没有做过多铺垫，直接将报纸铺在对方办公桌上，然后把本公司生产的黄沙倒在报纸内，以黄沙不会扬起灰尘而宣示其产品质量的优秀。可以想象，在这位销售员准备这一连串的行动之前，对方内心必然有所悬念，而这种悬念暗示的“好玩”可能，则让活跃型客户静静等待下去。期待看到与众不同的场面，这正是销售员吸引他们的重要手段。

用词不妨大胆：活跃型客户不会是小心翼翼的人，因此，销售者不必过于在乎他们对词语的讲究。如果在他们面前使用词语过于谨慎，连稍微夸张点的形容词都不愿接受，你将只能给他们留下一个缺乏自信的无趣形象，而这也将直接决定你的产品在对方眼中一无是处。不妨多使用点“很棒”“最出色”“特别有意思”“行业中最优秀”之类的词语，为对方留下深刻印象。

活跃性客户需要在短短几分钟内拥有对你和产品的兴趣，因此，你必须把握好机会，用充满张力的表达方式吸引他们，并得到他们的青睐。

参与互动：多引发对方的创意，共同探索未来

和客户一起畅想的Yuli

在我的培训班中，有着许多来自各行各业的销售人才，他们经常讲述自己的实际销售案例，同大家一起分享。某珠宝品牌的销售代表Yuli曾经

和大家分享过这个案例。

客户："这款戒指真不错，就是有点贵，卖7000多元啊，设计款式还是不错的。"

Yuli："女士，您的气质这么好，如果把戒指和您现在这款衣服搭配起来，我相信一定是整个城市最美丽的风景。"

客户："真的吗？这么配套吗？"（说着，她将戒指套在手上，摆出各种姿势）

Yuli："嗯，您看，的确如此。我不能乱猜您的背景，不过，我觉得您的气质实在很不同于他人。"

客户："不过，这种款式的戒指，只是戴在手上，也不怎么特别，一点都没个性。"

Yuli："您的意思是想和别人不一样的戴法？"

客户："当然了，那么平常哪有意思啊？"

Yuli："其实，我倒是学过一种很不错的方法。"

客户："是什么方法？"

Yuli："要不您试试把它当吊坠系在脖子上？"

客户（很感兴趣）："是吗？还可以这样呢？我来试一试，你给推荐一款项链我搭配一下好吗？"

最终，Yuli不仅成功地销售了这款最贵的戒指，还卖掉了一条价格不菲的项链。

活跃型的客户对于新鲜事物有着超过常人的好奇心，对于他们所不熟悉、不了解和不知道的东西，因为与众不同，所以常常能引起他们的注意。因此，销售者可以利用他们的创新欲望，积极推荐这些看上去经过设计的巧妙创意，让他们快乐地接受，并购买相应的产品，成功地完成销售。

这样和活跃型客户创新

向活跃型客户进行的推销，往往并不是在卖东西，而是在卖新意。一旦你设计的新意足够打动人，活跃型客户会敏锐地意识到这是他们从中享受快乐的机会，也就一定会努力实现这样的新意。因此，如何让活跃型客户感到你推销内容的创新，是销售者在和他们打交道中的重点。

开场白要有神秘感：平淡无奇的开场白，会让客户马上丢掉兴趣，转身离开，对于活跃型客户而言，他们并不想在谈话一开始，就知道你销售的主要内容和物品，更不想立刻知道你的有关创意。不妨先设置一些悬念，或者使用暗示、描述等可以激发客户好奇心的方法，让对方为你的开场白而感到奇怪。最后，在适当时刻加以“揭穿”，会引起客户心理上的明显对比，造成强烈的期待感，为成功销售打下良好基础。

产品介绍要巧妙：当客户对产品有了一定的好奇感，并有了努力发现真相的愿望时，销售者应该进一步让产品引发他们使用的兴趣，这来自于他们对产品产生持续的关注，这种关注来源于好奇心，但深入于你对产品的详细介绍。更何况，活跃型客户的消费欲望也同样活跃，只要产品符合他的审美标准，他们十有八九会掏钱埋单。因此，你在同活跃型客户介绍产品时，不妨利用产品的某些特点，先引起他们的疑问，接着告诉他们真相，从而引发他们的尝试欲望，转化成为购买的冲动。

悬念设置要合理：活跃型客户最喜欢看的是魔术表演，因为这种先设置悬念然后再揭穿的节目非常吸引他们的注意力。在面向高层管理者进行推销时，销售者尤其应当利用这样的方法。比如，直接告诉对方总经理：“我们的软件能够提高贵公司工作效率。”如果对方是活跃型客户，可能毫不在意，而同样的软件产品，如果用：“您想知道有什么产品能够帮助您把员工管理得更好吗？”这样会让他们精神为之一振，并愿意仔细聆听下去。

活跃型客户期待创意，也期待他人的创意，这些创意总能带给他们无限的联想和快乐。带上你的想象力同他们相处，你会得到更多的空间。

与活跃型客户的沟通忌讳

不苟言笑：总是对方在说

沉默的 David

一家私立幼儿园的园长走进 David 的乐器行，她想在这里看看有什么适合自己幼儿园孩子的乐器。

David 是典型的理智型人格，因此，他并不太喜欢滔滔不绝的讲话。恰巧这位园长又是活跃型人格，因此，谈话中就经常会出现这样尴尬的一幕。

客户：“这款钢琴适合小孩子弹吗？你看，我们园的学生，从四岁到六岁都有，他们很可爱，不知道学这个怎么样……会不会很闹……坐不住怎么办啊？……你认识好的老师吗？”

销售：“这个，这款钢琴挺好的，我来给您演示下音色吧。”

客户：“其实我觉得幼儿园孩子学习乐器非常好，因为一旦上学，时间都会被学习占用了，哪有机会接触音乐这样的兴趣啊。你看是不是？”

销售：“嗯，有道理，我觉得也是这样……”

客户：“如果我购买你们的产品，上多少钱能打折？我有不少朋友有这方面的需求，要是你卖给我优惠点，今后我多介绍他们来就是了。”

销售：“这个，哎，我们的价格已经很便宜了。”

结果，作为客户的园长发现自己总是在扮演谈话的主导角色，而对方却并不怎么回答，她慢慢流露出索然无味的表情，过了一会儿便离开了。David 非常疑惑的是，为什么经常碰见这样只提问不购买的客户呢？

当活跃型客户愿意同你就产品的相关问题进行交流时，意图其实很明显：他们在意这些产品，并希望得到更多的介绍，了解更多的信息。活跃型客户的注意力转换很快，如果你在短时间内不愿同他进行充分对话，调动他们全部的注意力，那么，很快你将失去最好的机会。

这样和活跃型客户介绍

强大的联想力，让活跃型客户的思维模式犹如天马行空，一方面这带来他们良好的创造力，另一方面也让他们产生喜欢转移话题的习惯。这种想到哪儿就聊到哪儿的特点，往往会让专注力强的其他类型人格感到不适应，而销售者需要做的不仅是克服自身性格弱点去适应，更要充分引导他们的思维走向。

回应活跃型客户的梦想：在谈论产品时，活跃型客户经常会谈到自己的梦想，例如，产品将带给他们怎样的改变，或者满足他们多久的期望，或者说出他们想象中最完美的产品等。客户同销售进行这个层面的交流，一方面说明他们的注意力开始集中，另一方面也说明他们需要别人的支持和理解，因此，你必须学会回应他们的梦想，比如，“我理解这样的想法”“相信一定可以”“非常好的创意”等，都能够带给对方愉悦感，并支持他们继续关注，成为最终实现的购买动力。

帮助活跃型客户发现问题：另外，销售者不应该只会被动地做最好的听众，学着从谈话中帮助活跃型客户发现问题是重要的，这可以让你们的谈话变得更有深度和建设性，也能让他们感到有更多的收获。注意，活跃型客户往往并不愿意承认问题的存在，或者相信自己有能力发现和解决问题，销售者应当采用的是开门见山的方法，直接说出问题的来源，这样才能真正打动他们。

适当扭转话题：当活跃型客户开始“信马由缰”地让联想发展，谈话逐渐离销售内容越来越远时，销售者不应该无所作为，相反，你必须紧紧跟上，一方面表示出你对他所说内容的兴趣，另一方面还应该坚决发表自己的意见，以求改变谈话主题，尽量将内容拉回到正确的轨道上来。一味沉默是无用的，这只能让他们继续离题万里，并最后毫无成果地结束交谈。

销售最重要的手段就是交谈，无论销售者原本是什么类型的性格，在销售过程中一定要做到或明或暗地主导谈话，这样才能更好地适应活跃型人格的客户。

节奏缓慢：跟不上对方的拍子

节奏缓慢的 Yelie

公司和老客户 H 集团的挖掘机出租协议快要到期了，销售业务员 Yelie 去 H 集团找相关领导谈续签的事情。

接待 Yelie 的是对方搞基建业务的主任，姓刘。这位刘主任眼神灵活，一看就是思维特别敏锐的人。两人稍事寒暄后，进入了正式谈判内容。

销售：“听说贵公司还需要进行更多的基础建设，我们这几台挖掘机您看是不是还继续租用半年呢?”

客户：“继续进行基建是对的，不过，我们现在有了更便宜的报价，W 公司希望能同我们合作。你看……”

销售：“是吗？关于价格，真是抱歉，我这次没有获得打折的权限，不过，我可以帮助您转达一下意见。”

客户：“其实，话说回来，你们的产品质量还是很好的，关键是价格，或者，你们是否愿意能够用同样的价格，延长我们一个月的租用时间?”

销售：“嗯，我还是看看价格问题能不能得到解决。”

客户：“如果不行的话，其实多一个月时间也是可以考虑的，因为我们相互之间合作关系比较久了，也愿意继续下去。”

销售：“没关系，您的要求我会上报，不过最多也只能给出百分之三四的折扣。”

客户：“算了，咱们聊聊别的吧。”

最终，双方还是没能谈妥如何续签合同。

刘主任的思路发展到下一步时，Yelie 的思路却仍旧停留在价格问题上，并反复纠结。这样，双方的节奏步点无法一致，通过谈话来获取良好的销售结果也就成为不可能完成的任务了。

这样体验活跃型客户的节奏

同活跃型客户接触的过程中，对他们思维和谈话节奏的把握具有相当的难度，这是因为一方面活跃型客户往往连自己都把握不好上述节奏；另一方面，销售者自己的思维节奏又会带有鲜明的特色。为了避免被这些问题所困扰，你可以试试下面的方法。

事先列举多种可能：在接触活跃型客户之前，事先在纸上通过画思维导图的方法，列举出他们可能想到的一切情况，例如如何评价产品（从正反两方面），可能举出的合作方式，时限，价格等。也许你不可能完全料想到活跃型客户所实际想到的每一方面，但事实证明，做这样的准备，将最大限度地有所准备，从而应对客户变化的节奏。

及时放下：当一个话题没有正式结束，而进入另一个话题时，不要为此感到惊讶和不适应，因为活跃型客户的风格就在于此。当你发现情况发生变化，对方注意力已经不在此时，不妨果断放下，忘记刚才的谈话内容，及时跟进，聆听他们新的主题，并找到应对方法。执着于已经过去的话题，会显得你太呆板，而让对方不愿再继续交流下去。

提问肯定：如果你接触的是对方位置比较高的客户代表，那么，通过提问确定，是很好的适应办法。这是因为身居高位者并不会太反感谈话者的提问，相反，还会因为自己的思路被人所重视而感到高兴。你可以用“我们是否进行到这个环节”“这是您关注的吗”之类的问题加以提问，并明确现在谈话的主题，从而跟上活跃型客户的思路。

不要被活跃型客户的节奏打乱，也不要拘泥于书本上的模式，一切根据现实情况来制定应对策略，这才是你最强大的谈判武器。

谈判宝鉴

寓于娱乐：戴上娱乐精神的帽子，好玩有趣更重要

远离枯燥无趣：爱开玩笑的Mab

“这笔业务我们如果能合作成功，相信我们的老板都能高兴得睡不着。”谈判开始后没多久，销售员Mab就乐观地告诉客户代表景经理。在昨天的接触中，Mab发现景经理脾气和自己很投缘，大家都喜欢玩，也喜欢交朋友，更重要的是，在这背后他们都喜欢快乐的人生。

“说得没错，不过，你们的报价太高了，我的老板不一定会接受。”景经理回答道。

事情的确如此，双方在价格上肯定有所纠缠，而且分歧还比较大。

“昨天我请示了领导，好不容易说服了他们，现在我们更改了给你们的机器配置，相应地，也降低了报价。”Mab把新的报价单交给景经理。后者看了看，点了点头说：“这样的报价单，我想领导层有可能予以考虑。不过，我的作用也不会太大，只能试一试了。当然从我私人角度来说，很欣赏你们的产品。”

“那不如这样，”Mab认真地说道，“我们打一餐饭的赌局，如果您说服了老板，接受报价，我私人请你，否则，您要请我如何?”

景经理两眼笑出了一点鱼尾纹：“行啊，小兄弟，我们就试一试吧。”

一周后，Mab请景经理吃了一顿不错的大餐。

对于活跃型客户来说，他们生命中不可或缺的是娱乐，而所谓娱乐，必定要有不可预测性。Mab在条件基本成熟的情况下，果断采用和客户代表“打赌”的激将法来刺激对方的好胜心，使他们带着“好玩”“娱乐”的心态，悄然地站到我方角度，从而促进了合作的进一步加快。

这样打动活跃型客户

活跃型客户喜欢娱乐的心态，其实正是销售者可以善加利用的薄弱环节，在谈判桌上正襟危坐，并不一定就是拿下订单的最好方法。利用一切可能，营造出有趣、娱乐的气氛，才能让活跃型客户不知不觉地为你所动。

改变谈判环境：办公桌旁一本正经的谈话，并不一定适合活跃型客户，如果总是让他们在这种压抑的气氛下谈话和思考，相信他们很快就想夺门而出去“透透气”。因此，销售者可以改变谈判环境，比如，网球场、高尔夫球场、保龄球场、KTV乃至酒吧，都是不错的兼具谈判和娱乐的好场所。在这种环境下，客户的心态会变得比较平和，而思维也会变得比较活跃，容易接受你的建议。

善用娱乐话题：利用一些职场或社会上比较流行的娱乐话题，也是打动活跃型客户的重要手段。你应当在平时工作中适当关注这些话题，从而为自己能够及时利用它们做好充分的准备。从这些话题中，你既可以获得同活跃型客户交流的基础，也能够得到他们比较良好的印象，从而在谈判中取得较有利的位置。

关于金钱的刺激：活跃型客户的确喜欢玩，但他们明白支持玩的重要资源是金钱。因此，让你的娱乐精神和金钱挂钩是不错的选择。不妨多向对方强调你对金钱的看重，或者是你对金钱的使用和分配方法，甚至只需要用更有趣的观点来解读你们之间的利益分配等。这样，活跃型客户会慢慢接受你的思路和观点，把你看做同道中人。

每个人都有爱玩的天性，让我们从好玩开始，慢慢走近活跃型客户的内心，并给他们留下难忘的印象。

抛出话题：开场轻松幽默，提出好玩话题

看透活跃型客户的 Molise

Molise 是做人力资源外包业务的销售员，某天，在朋友的介绍下，她和一位四十来岁的工厂主 Y 见面，想拿到他们公司的人才招聘代理业务。

事先通过朋友的介绍，Molise 知道对方是一个“童心未泯”“总认为自己很年轻”的高层领导，他喜欢和不同特点的年轻人在一起，也爱好很多年轻人喜欢的东西。于是，在朋友介绍之后，Molise 主动给对方说了一个笑话。

某位大学毕业生，四处求职碰壁，好不容易收到了麦当劳的面试通知，在他一切问题都问完之后，心血来潮的考官说：“小伙子，你表演下自己的才艺吧。”这位毕业生想都没想就唱道：“有了肯德基，生活好

滋味。”

Y 厂长很显然并没有听过这个笑话，他被 Molise 认真的样子逗得乐不可支。等他的笑意过去后，Molise 说：“您知道吗？其实，很多人才只是单纯地智商出色，而工作经验和情商都不怎么样，我们公司所从事的工作，就是给您把这些人挑出来……”

最终，Y 厂长被 Molise 说服，同她签署了一份不错的合同。

谈话一开始就给客户说笑话，看起来似乎相当不靠谱，然而，Molise 不仅有这份勇气，更有这种眼光。她明确知道，对于喜欢娱乐的活跃型客户来说，一开始就能从销售者那里听到合适的幽默话题，反而会激起他们之后详细听下去的愿望，而内容良好的小段子。又会很好地引导谈话的中心，向自己所希望的方向有所发展。

这样激活活跃型客户

活跃型客户需要我们的激活，否则，他们身上的活跃因素可能一直被压制，而无法成为我们推进谈判成功的正面因素。激活活跃型客户的方法有很多种，例如，谈论他们感兴趣的事情，或者直接告诉足以吸引他们的目标。但如果是刚刚接触不久的活跃型客户，那么选择幽默型开场可能是很好的通用方法。

幽默的自我介绍：自我介绍有相当大的作用，对于销售者来说，如何介绍得让客户对你过目难忘，不仅是技术，更可以做到艺术的高度。面对活跃型客户，采取强调自身特点，或者对自己故意加以贬低的方法，都能起到让他们发笑并印象深刻的作用。我有一位朋友，常年光头，然而他并不以此为尴尬，因为他在接触到活跃型客户之后，都会主动介绍自己上一份职业是卖灯泡，在引发对方善意而会心的笑容后，他的印象也轻松地被对方牢记。

同主题有关的笑话：互联网时代中，各种各样的热门词语层出不穷，不同风格的笑话段子在网络上也信手拈来。销售者应该永远站在时代的前端，而不应当无视于信息化浪潮带来的改变。我们不妨在同活跃型客户的谈话中，结合销售主题，分享一些有趣的段子，有数据显示，在人类所有记忆模式中，感到发笑而记住的情形，占到了60%以上，因此，通过幽默来形象化地帮助对方加深对产品的印象，是不可或缺的重要方法。

幽默的重要手段是比喻：巧妙的比喻，在各种文化中都是幽默的重要来源之一，不要以为销售必定是高不可攀的谈判场面，有时候，采取一些切入角度适当的比喻，反而能够让对方感到茅塞顿开，化难为易。这些比喻最重要的特点应该是同你想表达的意思神似，同时又能够具备自身的好笑之处，最重要的是，它可以被活跃型客户所听懂。

幽默是人际关系的润滑剂，也是打动活跃型客户的重要筹码，好好锻炼自己的幽默感吧，能给客户带来笑容的销售员，迟早会走在通往成功的宽阔大道上。

销售冠军如何在谈判过程中打动活跃的客户

康宁玻璃公司是一家专门生产安全玻璃的著名公司，在公司内部，有一位顶尖销售人员，同时，他也是全国安全玻璃销量排行榜上的冠军。对于他的销售奇迹，很多人都抱有好奇的心理，当公司的同行向他请教这个问题时，他毫无保留地说出了自己的秘密。

“众所周知，我们销售的安全玻璃的特点正是其‘安全性’，那么，如何让顾客了解到这些特点并接受我们的产品就是我们工作的重中之重。因此，当我们向顾客推销这种产品时，一定要突出我们产品与其他玻璃的差别，突出我们产品的特性及其新奇性。”对于这番话的佐证，他讲述了一个关于自己推销产品的小故事。

有一次，他向一家公司推销这种安全玻璃，这是一个大客户，如果签下了，就能为公司和个人带来巨大的利益。在整理了有关该公司采购部张经理的相关资料后，他了解到，这位张经理的思维特别活跃，很多与他谈生意的销售员面对他跳跃性的思维，都跟不上步伐，最终败下阵来，这位“活跃型”顾客，对一切事物都充满了好奇心，尤其是那些新产品，总要刨根问底。掌握到这些资料后，这位顶级销售员满怀信心地带着产品约见了张经理。经过简单的介绍后，他直截了当而又略带神秘地问道：“您有没有听说过一种被打破了却不会碎掉的玻璃?”当张经理表示没有听说过且露出一定的好奇心的时候，他就顺手拿出一块完整的玻璃样本，然后把它放在桌上，当着客户的面用一个锤子用力敲打玻璃。

张经理当时被吓了一跳，惊慌地跳起来想要躲避那些玻璃碎片。当然，并没有出现碎片乱飞的场景，玻璃虽然被砸坏了，但是没有产生任何碎片。面对这样的“奇迹”，张经理连连称奇，觉得既惊讶又新奇。而这位销售冠军见这种方式赢得了客户的全部注意力，知道打开了谈判的契机，于是加紧攻势，利用客户的这种好奇心理，进一步阐述了产品的特点和优势，这样，一笔订单就签下了。

案例分析

向“活跃型”客户推销产品，就是这么简单，利用客户活跃的思维，带给他们一种新奇的产品，并以新奇的开场方式紧紧抓住他们的好奇心，将他们的注意力引到我们的产品上，进而介绍我们的产品，这样就能很容易拿下订单了。当然，谈判的手段很多，但是面对充满好奇心的客户时，一定要用他们想不到的新奇的方法出奇制胜。

案例总结

既然“活跃型”客户喜欢欢快、愉悦的氛围，那么我们在销售过程中为什么不营造出这样的氛围呢？既然他们喜欢像好奇的小猫一样对所有的未知事物进行永无休止的探索，那么我们为什么不向他们展示我们产品的特殊性能呢？以新奇的推销方式，抓住这种类型客户的好奇心理，抓住他们喜欢快乐生活的本质需求，用你的思维引导着他们的思维，在谈判中你就是胜利的一方。

“解决”活跃型客户话术示例

• 与活跃型客户交流，要懂得挖掘对方的乐趣，以此入手，打开销售的缺口。

例如，“如果您觉得戒指戴在手上不能显示您的与众不同的话，您为什么不把它穿到项链上挂到脖子上呢?”

• 与活跃型客户谈判，要学会对方的表达方式，用这种方式同他谈判。

例如，“对，就是这样，我们这次来正是带来了解决这个问题的方案，您请看。”

• 与活跃型客户交谈，要学会表达自己有创意的想法，以此来迎合他们。

例如，“您见过砸不碎的玻璃吗?”“您可以亲自用锤子砸，绝对碎不了。”

• 与活跃型客户交流，一定要跟上对方跳跃性的思维，跟上对方的思维步伐。

例如，“您说得很好，我们还可以进一步这样做……”

第九章

8号领袖型客户：做销售就是为锄强扶弱的

如何辨识领袖型客户

竞争强度：用竞争力抢机会，总有自己的王国

领袖型客户代表：广告总监 Allen

Allen 是某公司广告部的业务总监，在员工们心中，他就是广告部之王。

关于 Allen，有这样的传说，据说他刚刚担任业务总监时，手下有几位老员工对他的非专业背景颇为不服气，想联合起来给他一次难堪。他们故意拿出了十年前的广告年鉴，从里面找到一个创意，抄袭进自己的作品，然后作为交付客户的小样请 Allen 审阅。没想到，Allen 扫了一眼，就在旁边写下了原来创意的时间和作者，让老员工们面面相觑。原来，为了了解广告市场，Allen 早就把改革开放以来该公司几乎所有优秀的广告案例熟记下来。这件事情之后，没有任何一个手下敢质疑他的水平。

除此之外，关于 Allen 还有另一个传说：他当初只是公司里的一个小实习生，因为拼命工作，接连完成了几个轰动业界的设计案，结果被迅速提拔，直到成为部门主管。也正因为如此，Allen 直到现在都有很强的行动力，当员工遇到集体困难的时候，他会捧一碗泡面，和下属们一块熬夜搞设计，直到把思路整理清楚，得到基本内容，才会带着血红的双眼宣布暂时告一段落。Allen 这种身先士卒的勇气和表现，让手下人无不叹服，把他

看做队伍的领袖。

领袖型客户在公司的中层干部里比比皆是，他们曾经有着个人奋斗的过去，也有着丰富的工作经验。因此，当他们成为部门的主管后，往往想依靠自己充满竞争力的工作精神去带动他们的下属。外在表现上，他们不能容忍限制自己能力发挥的下属，也不能接受影响部门效率的同事。

这样辨识领袖型客户

领袖型客户善于表现自我，喜欢控制局势。因此，他们必然需要更强大的能力来应付整个局面，领袖型客户希望无论问题中的哪些因素，都必须能在他们的掌控下加以解决，而这反过来会促进他们对于团队的控制和引领。

喜欢决策：领袖型人格喜欢处于领导和支配的地位，他们喜欢周围人认可他们的能力，从而处于服从的地位，这样才能让他们觉得足够安全。所以，他们经常锻炼自己的决策力，并实际作出重大决策，从而尽量通过自己的努力来制定游戏规则，而把别人的影响力压缩到最小。通过观察客户频繁作出决策的程度，销售者就可以看出他们的性格特点。

经验丰富：领袖型人格的客户总是在留意怎样获得权力，进行决策和创造，因此，他们在长期的工作锻炼中，也形成了自己丰富的工作经验、独特的工作方法。尤其当他们处于部门领导的地位时，更会为了显示自己的能力而频繁参与实际工作，从而扩大工作经验范围。当我们遇见类似的客户时，不妨结合其他特点，将他们判定为领袖型性格的客户。

表现欲出众：领袖型客户希望自己总是能吸引大多数人的吸引力，同时他们也希望不断表现自我，让比自己更强大的人能看见自己的能力、肯定自己的工作，从而赋予他们更多的权力和地位。因此，领袖型客户有着很强的表现欲望，希望借此能够成就大事业，同时又能更好地隐藏自己的不安全感和各种缺点。所以，当你发现客户经常大声说话，或者带有戏剧化表演的交流倾向时，可以毫不怀疑他的领袖型特质了。

领袖型客户的特点并不复杂，但有着比其他类型更多的层次，所以，从最基本的层次开始观察，是你应该迈出的第一步。

领导方式：我是天，我是地，我是唯一的神话

领袖型客户代表：外企 HR Zone

如果问到G公司最霸气的人是谁，你获得的答案一定是 HR Zone。

Zone 从香港最好的大学的最好的相关专业毕业，被高薪从欧洲最大的商务咨询公司挖角到G公司。连董事长都对他礼遇有加，更不用说老总、副总这些级别的人物，更是将他视为左膀右臂。因此，Zone 在企业里不能说是一呼百应，起码也是风云人物。

在人力资源部，每个新来的员工，都会听到这样的传闻：Zone 对于圆满完成任务的员工非常看重，他会大声地在部门会议上表扬他们，而未能按时提交结果的员工则只能听到他大声的呵斥。总之，Allen 是对权力特别看重的人，通过一切行动，他无时无刻不在强调自己在部门内的领袖地位，强化员工对他的服从感。

对于其他部门，Zone 也绝非等闲之辈，一般来说，凡是能够在工作中积极配合他的部门领导，总会得到他同样的支持和感谢，而某些在工作中对人力资源并不重视的部门领导，Zone 会毫不留情地当面直言相告，甚至在会议上直接提出意见，有时候会搞得大家下不来台。好在，每个人都了解，Zone 是为了整个公司的发展，并不是为了私利。

Zone 就是这样，在他的世界里，他就是唯一的主宰。

领袖型客户的“霸气”从何而来？一般来说，有下面两个因素：其一，是因为领袖型人格客户往往从小就是与众不同的孩子，他们要么在家庭中自立较早，善于扮演超越自己年龄的角色，要么在学校显得早熟，能够承担和其他孩子不同的任务。因此，成长以后，才显得更加自信和独立。其二，是因为领袖型人格的客户从初期工作生涯开始，就始终相信自己的个人奋斗力量，而一个相当依赖自我的人当然也会比较肯定自我。

这样辨识领袖型客户

领袖型客户的霸气虽然不是与生俱来，但起码在工作中表现得相当自我，他们不喜欢受到他人的干扰，同样也不喜欢受到否定。相反，他们更乐于看到工作是围绕自己开展，能够迎合他们的兴趣，符合他们的节奏。在工作中，根据他们的具体表现，就能辨识出他们的性格类型。

用命令口吻：领袖型客户的说话方式有着独特的标志感，他们不喜欢和别人商量，同样不喜欢“浪费”时间在解释上。因此，我们经常能见到领袖型客户甚至连说话的句型都很短，尤其在工作场合中，他们喜欢用“把……完成”“做好这个”“搞定它”等命令色彩浓厚的口吻，而不用“可以吗”“能不能”“请”之类更温和的句式。从这方面出发，我们很容易看出哪些客户属于领袖型。

喜欢用第一人称：领袖型客户喜欢直接用第一人称来谈论事情，比如“我的老板让大家……”而不是说“公司领导提出……”的句子，在分析团队工作时，他们也喜欢说“我们这里……”而不说“本部门……”从这种说话细节上，我们可以看出领袖型客户身上的那种自我气质，他们总是从自我本能感受上出发，进行对情况的分析和判断。

讨厌平等对话：在领袖型客户来看，世界上的人都是生来就在竞技场上的，因此在工作中，他们不喜欢平等对话。对于上级和强者，领袖型人格的人会虚心请教，加以学习，等待机会超越，而对于下级和弱者，领袖型人格的人希望他们也能保持同样的态度对待自己。在领袖型人格的人的心理字典来看，职场上的“平等对话”其实是不存在的，因为这会颠覆他们自己的工作逻辑和人生法则。

领袖型客户向来把自我看做唯一的中心，即使他们表面上表现得比较低调，那也是一种伪装，销售者千万不可因此而误判，将他当成其他类型的人格，否则，你很可能不知道自己因何失败。

霸权主义：在谈判中“我说了算”，强行攻击

领袖型客户代表：政府领导 Tank

某公司通讯系统的销售代表 Fenix 最近在跑政府某局的业务，负责同他打交道的是管理采购的 Tank。这位 Tank 从军队转业，无论走路还是端坐都虎虎生风，看上去依然如同军人。而在谈判中，他也总是抱着“主动出击”的精神，从不示弱。

“你们的产品价格太高了……”

“性能怎么样，不是你们说了算，我们需要试用才行……”

“你级别够吗？有打折权力吗……”

“我时间不多，今天咱们只谈一会儿……”

类似的强势话语总是一次次从 Tank 口中冒出，从来不加以任何掩饰，甚至连表情也是斩钉截铁、毫不留情。让 Fenix 哭笑不得的是，有些话语完全没有事实依据，一听就是为了制造“气场”而硬说出来的。然而，面对这位年纪比自己大将近三十岁的强势客户，带着典型的领袖型人格进入谈判，Fenix 也一时不知道究竟该如何应付。

面对企业或政府里权力较大、地位较为稳固的客户，销售者需要仔细

观察他们的性格类型，其中很可能隐藏有领袖型人格。他们大多喜欢以自己的感受代替事实，直接发表看法，并以此作为谈判的具体出发点。这或许是领袖型客户的一种习惯，也是他们的弱点，但无论如何，在辨识之后，销售者必须要予以充分的适应，拿出应对之策。

这样辨识领袖型客户

如果对领袖型客户的弱点没有充分的认识，那么你就无法在实际谈判中针对他们的表现做好准备，作出及时的回复。其实，领袖型客户的强势，并不一定总是真正发自内心的挑剔，而很有可能来自于他们试图对自我的一种保护。

感觉至上：正因为领袖型人格的客户在心理机制和思维模式上偏向本能区间，因此，当他们身为高级别管理者时，更容易从自身的感觉出发，而并不是从实际情况出发。具有讽刺意味的是，在东方文化中，擅长吸引众人目光，赢得领导看重的，往往是领袖型人格者，所以这也不难解释，为什么很多地位越高权力越强的客户，他们越显得感觉化而不是逻辑化。无论如何，当你发现面前的客户喜欢直接给你或产品做出判断时，你就应当把他和领袖型客户联系在一起了。

害怕利益受损：从领袖型客户锋芒毕露的语言里面，我们还可以窥探出他们害怕利益受损的担心，他们之所以用坚决的态度来指责你的产品，甚至不需要什么思考的时间，与其说是吹毛求疵，还不如说是他们对于自己利益圈子的维护本能。在批评产品的同时，他们内心很可能想的是“谁知道这家伙怎么样，不要因为我而妨碍公司和部门”。所以，销售者应该充分理解他们的态度，习惯他们的“强攻”，并找到机会加以破解。

缺少沟通心态：在领袖型客户进行“主动出击”的同时，也暴露了他们性格上缺少沟通心态的缺点。对于他们来说，沟通往往是浪费时间的，只要结果不要过程是他们最真实的写照。他们希望通过自己的批评和质疑，能迅速达到让销售者知难而退的目的，但很多情况下，效果并不那么理想，所以领袖型客户有时候也会按捺住性子收敛自己的锋芒。但通过不喜欢沟通这点来看，你足以发现他们背后的特点。

销售者应当具有更多的韧性，对于领袖型客户的“强攻”，如果你毫不动摇、坚持自己，并采用明智的策略加以应对，相信他们很快就会改变策略，同你开始正常的沟通。

与领袖型客户的沟通方式

跟随领导：尊重“霸王花”的权威性

懂得尊重的Peter

“你们的样品让我们很不满意。”商贸公司的客户代表Young对销售员Peter说。Young虽然长相靓丽，但脾气一点也不温柔，无论是谈判还是做事，总是充满了掌控欲，Peter在心里偷偷给她送了个“霸王花”的绰号。

“Young，您能指出来是对我们的信任，我回去就要求整改。”Peter说着，掏出笔记本认真地请示说，“您说一下，整个广告的小样有哪些问题。”

Young很自然地扶了扶眼镜说：“好，你记一下，一共三点。一是酒的标牌在广告图案中占的比例太小，二是文字不够精练，三是模特拿酒的姿势太僵硬。这些问题你们一定要注意解决。”

“好的，我明白了，谢谢您指出来。”Peter毕恭毕敬地记录完毕，收起笔说道，“您还有什么事情要吩咐？”

“没什么了，先回去改，过两天送来再看。”

谈话就此结束，等出了客户公司，跟着 Peter 一起来的销售员华子奇怪地问他：“你怎么对这位霸王花说话就像下属一样?”

“我跟她打交道好几年了，兄弟。”Peter 叹口气又笑着回答，“如果她真的还能把你当下属，那说明一定会用我们的产品，所以，我必须尊重她的领导权。”

同领袖型客户打交道，需要尊重他们的沟通习惯。对于他们来说，沟通的对象只有两者——要么是自己属下，要么是自己领导。正因为如此，领袖型客户喜欢将周围的世界分为强势者和弱势者，而对于主动前来“归顺”的弱势者，领袖型客户一定会产生“他是我管的人”这样的心态，并将他们视为自己的圈子，而加以全力保护。

这样尊重领袖型客户

领袖型客户希望被看做权威，这不仅能够给他们带来权威感，更重要的是可以让他们感觉到安全，可以更加自信地行走在职场上。当领袖型客户对权威地位形成一种依赖后，他们将把这种需要当成习惯，而无法摆脱自己的内心暗示。销售者应该按照这种思路去尊重领袖型客户，并做好自己相应的工作。

主动请对方发表看法：领袖型客户希望被尊重，而销售者同他们并非上下级关系，因此这方面他们可能没有太多的期待。然而，如果销售者能够放低姿态，主动请他们发表对产品的看法、对服务的想法，他们会重新寻找到谈判关系中属于自己的角色，并开始喜欢你和你的产品。

虚心接受并修改：如果对于领袖型客户的意见并不重视，那么他们将很快厌倦，并开始质疑你的诚意。销售者应该做的是虚心接受他们的意见，并能够在某一点上做出明显的修改，这样的行动将获得客户的肯定，并提高他们对你的评价度。值得提醒的是，你做出的修改最好应该是对方自己能主动发现的，这样将能给对方更多的掌控感。必要时，你甚至可以预先留下“短板”，让对方指出并修正。

语气上不宜过于“平等”：某些销售者执着地认为，自己同客户是合作关系，因此，对话语言上往往是过于程式化，显得太过“平等”。然而，这当然不是领袖型客户所喜欢的，他们希望对方的语气能够更加恭敬、更加谨慎。这并非意味着你要去刻意奉承和迎合对方，其实，很多时候只需要一些语言上的小细节，比如将对方公司称为“您的公司”，哪怕他只是个副总，或者将项目称为“您的事”等，这些细节给领袖型客户造成的印象将非常舒适。

我们都明白，很多权威是因为人们放低了自己，才成为地平线上的丰碑。因此，我们不妨在领袖型客户面前适当放低自己，让他们成为谈判桌上形式的“主宰者”。

暴露弱点：接受对方的帮扶

Wissi：必要时示弱

我的学员——某化妆品销售代表 Wissi 终于成功地同 F 公司签订合约，该公司旗下的门店将统一上架他们的产品，然而，在高兴之余，Wissi 发现了一个问题——即将开始的门店促销活动需要不少的兼职促销员，而自己刚刚来到该地，连办公室都是现租的，工作千头万绪，怎样来得及去招聘兼职促销员呢？

想来想去，Wissi 想到自己认识的 F 公司罗经理，他是相当仗义的领导，曾经为了下属的利益不惜得罪上级，在谈判中，Wissi 给他留下的印象不错，想必如果去找他也能获得一定的支持。

于是，Wissi 特地挑了不忙的中午，来到罗经理的办公室。

“罗经理，您好，上次感谢您在老总那里强调了我们产品的优势，这点体验装是送给嫂子用的。”Wissi 把包装精美的小礼品放在桌上。

罗经理连连打哈哈：“哪里，主要是你们产品不错嘛……”

“产品质量我是有信心的，不过，罗经理，现在我最害怕的是销售服务。老实说，我在这个问题上一点辙都没有……”说着，Wissi 把自己面对的问题说了一遍。她故意表现得毫无办法，信心全失。

“你看，这算什么问题。”罗经理听完后微微一笑，“既然你进驻了我们F公司的门店，也就是我的客户了，有困难我肯定要帮助你。我现在就下个通知，让每个门店贴一张招聘启事，给你的专柜招兼职销售员，没问题了吧。”

随着罗经理的一个电话，Wissi 的问题全都解决了。她暗自高兴地想：在领袖型人格客户面前，必要的示弱是应当的。

领袖型客户是锄强扶弱的典型代表，他们总认为这个世界是缺乏平衡的，而他们努力的方向，就是让自己所管辖的圈子能够尽量公平，哪怕是自己的合作方和供货商。了解领袖型客户这样的特点，你就能将之转换成为积极的一面，成为我们赖以改变销售局面的利器。

这样向领袖型客户示弱

强势的销售员或许能够打动心区思考的客户，但无法引起领袖型客户的看重，还很可能得到他们的反感。销售者应该巧妙地利用他们性格中兼顾弱者利益的一面，暴露自己的不足之处，在不影响销售结果的情况下，获得他们的同情。常用的示弱方法主要有下面几种。

承认自己经验不足：似乎愿意承认自己不足的销售者已经越来越少，太多的培训课程教导销售员应该如何内心强大，充满自信，结果会错意的销售者往往给客户留下接近于过度吹嘘的感觉。实际上，偶尔向客户主动承认自己经验不足，并非不是一个好策略。尤其对于领袖型客户来说，他们最喜欢的事情就是“锄强扶弱”，如果销售者在不影响销售状态的前提下适当同对方交流情感，强调自己能力有限，经验不足，往往反而会得到他们的包容和推荐。

对产品不宜过度自信：我们都知道，完美无缺的产品在世界上并不存在。因此，对产品太过自信的销售者，往往会在领袖型客户这里受到打击，他们会带着逆反心理，一定从产品中找出毛病，并加以挑剔。与其让情况变得如此尴尬，不如适当留出余地，对产品的自信应当适可而止，尽量少使用“最好”“最出色”“卓越的”之类，防止激发对方的对抗心态，而无法获得他们的帮助。

通过求助肯定对方：领袖型客户喜欢被肯定，然而，直截了当的肯定，并不会让人感受到诚意。销售者通过求助的方式，比如“这个忙我只能找了解市场的您”“您的资历肯定能帮帮我”……这样的求助方式，既能肯定他们的地位，又能满足他们受重视的内心需要，可以说是最好的求助方法。

必要的示弱是应该被重视的，在领袖型客户面前，只有退一步，你才能留出前进的空间，只有蹲深一点，你才能弹跳的更高。

与领袖型客户的沟通忌讳

不留情面：当面拒绝对方的提议

忽视面子的 Jacob

原料供应商的销售代表 Jacob 同生物制剂公司费经理的谈判已经持续了两三个小时，双方就供应原料的合同讨论的相当细致。一方面，根据评估，对方认为 Jacob 提供的原料样品质量很优秀；另一方面，Jacob 却不想打出最优惠的折扣，因为这势必影响到他自己的销售业绩。

在折扣上纠缠了半个小时后，双方都谈的有点疲惫。这时，费经理的另外几名手下走进了会场，他们是刚刚出差回来，就赶过来参与这次会议。费经理朝他们点点头，示意坐下，然后重新对 Jacob 说道："那么，如果不能给出最优惠折扣的话，我们起码可以换一种合作形式。咱们可以不用签长期供货协议，你们先给个一年期的合同出来，如何？"

Jacob 没有注意到费经理其他下属的出现，他想都没想地回答说："不行，我们公司没有这种先例。"

这句话似乎开启了什么，费经理脸上的肌肉绷紧了，他猛然站起来，把笔扔在了桌上，然后说道："那么随便吧，爱做不做了。"然后大步走出了会议室，几名手下也都跟着一连串走了，留下 Jacob 和助手呆呆地坐在那里。

领袖型客户害怕自己的地位受到别人的挑战，更不喜欢当众被对方提出否定意见。这源于他们对自己力量的自信，也来自于他们不愿服输的本性。销售者应该明确地知道这点，同时寻找必要的策略，以便在核实的时间和地点向领袖型客户提出反对意见。

这样拒绝领袖型客户

领袖型客户的脾气并没有一个积累的过程，他们不会像其他人那样在发怒前有明显的积累，而是会因为自己受到挑战或者感受到不公平突然爆发。为了防范领袖型客户突然产生这样的情绪变化，销售者不妨观察好谈判的环境，把握正确的机会，从而进行有效的说服。

注意领袖型客户的情绪：销售谈判中，拒绝是经常可以见到的事情。然而，我经常告诫销售者不应该因此就将之看做家常便饭，开口随便说不，尤其在对应领袖型客户谈判时，当他们的情绪不太稳定，或者显现出疲劳和不耐烦的神色时，你应该注意调整谈判气氛，创造松弛一点的环境，再想办法加以拒绝。直截了当的拒绝虽然可能会节约交流时间，却可能会带来更多麻烦。

不要当众质疑：除了时间之外，地点也是重要的考虑因素。不要轻易在领袖型客户的下属、同事和老板面前拒绝他们的要求，这是因为无论其中哪种角色，都是客户在工作中经常接触，并需要他们的重视和支持的。必要情况下，即使采用拖延战术，你也要将拒绝放到私人交谈的时间段中去进行。

拒绝的策略：除了注意时间和地点之外，拒绝的策略你也应当加以重视和研究。“良言一句三冬暖”，硬生生的“不”和态度温和的“让我们再商量下”，听起来的效果无疑是天上地下，更不用说面对领袖型客户。因此，我常常对学员们强调，最高明的说不，就是根本不说不而起到拒绝的效果。“我需要汇报……”“我爱莫能助……”“等待下次机会吧……”之类的方式，都是最好的拒绝方法。

当你采用了正确的拒绝方式，你会发现即使是领袖型客户，也会非常“听话”地接受你的拒绝。而从这一阶段开始，你同他们的销售谈判将会变得容易。

 自我中心：我是主他是客，他得听我的

把自己当老大的Jan

Jan销售的是新型涂料，最近他一直忙着和一家小装潢公司接触。按照谈判已经进行的情况，他觉得胜算起码已经有了八九分：手上的产品是目前本省市场唯一能找到符合客户要求的，而对方老板Zoe总又急于知道下个工程是否能上马，所以他一定会赶着签署这份合同。

带着这样的心情，Jan再一次拜访了Zoe总。Zoe总身材魁梧，浓眉大眼，说话声音洪亮，一看就是个喜欢做主的领导。此时，处于谈判桌上弱势地位的他不得不压低了声调，和Jan开始商谈价格。

“起码，给个3%的折扣?”Zoe总试探着问道。

“不行啊，Zoe总。坦白说，虽然我们给其他大公司这样的折扣，但是毕竟你们要的货不算最多，怎么能给这么高折扣呢?”Jan多少有点傲慢地说。

Zoe总想了想，说：“那么，我们订一个长期供货协议？以后我们需要的时候，都从你这里拿?”

“呵呵，我觉得没必要了吧，Zoe总，我手上大客户还是蛮多的。”

这句话好像惹恼了Zoe总，他想了想，压住怒容说：“好吧，Jan先生，那就没得谈了。我大不了不做这个业务了，您请回吧。”

Jan傻眼了，虽然说这块业务不算太大，但好歹也是一份业绩，更是份关系。本来想借着优势多赚一点，没想到Zoe总翻脸如此迅速。

即使销售者占据了谈判中的主动地位，也千万不可因此就认定领袖型性格的客户一定会甘拜下风。即使他们因为暂时的劣势而不得不同意条件，那也只是他们为了稳住谈判对手而做出的伪装，一旦条件成熟，他们一定会加以反击，试图控制谈判的进程。如果销售者表现得过于极端，还有可能激怒领袖型客户，选择出双输的结果。

这样重视领袖型客户

无论各自处于怎样的谈判位置，你都应该充分重视领袖型客户的意见。因为他们的性格因素中，发自本能地希望参与到一切重要的工作中，并发挥自己的重要地位，扮演为人所重视的角色。对于他们来说，被迫听别人的，本身就是一种委曲求全，而销售者一定要减少他们这种感觉，以便拿到更好的谈判氛围。

把握要价节奏：在我的培训生涯中，我常常发现这样的现象——销售者在离成功希望还很远的情况时，大多能保持足够耐心，条理清晰，节奏准确，而一旦看见对方有所松动，反而丢失了原来的好耐心，频繁要价，态度坚决。其实，这无疑是打乱了自己的节奏。这一点在领袖型客户面前，往往是让他们最无法接受的情况，他们不愿意被别人的节奏带着走，因而讨厌你的这种态度上的改变。无视他们的感受，你很可能丢掉本来珍贵的客户。

适当缓和气氛：在面对领袖型客户谈判的过程中，当你占据了谈判上风时，不妨暂时缓和气氛，不要急于迫使对方接受你的条件。聊聊其他话题，或者谈谈产品项目的未来，都能让领袖型客户紧绷的精神压力得以释然，并有冷静思考的空间，从而得到理智的结果，不会按照他们本能的感受拒绝你的要价。

给予对方利益：在你占据了谈判主动权时，千万不要表现出“一切听我的”态度，这种态度会威胁到领袖型客户的利益安全感。适当的承诺利益是相当不错的选择，比如，承诺给对方最好的售后服务，或者承诺今后签约的可能性等。当对方能看见自己在这笔交易背后的长期利益时，他们也会变得通情达理起来。

销售不是为了攫取利益，而是为了制造双赢，只有双赢，才能带来最长远的利益。在同领袖型客户携手走向双赢的道路上，你需要付出的更多。

谈判宝鉴

尊重领袖型客户：谈判成败都把决定权交给客户

选择权给对方的 Oleic

教辅销售员 Oleic 同 S 中学教务主任 Mio 相当熟悉，两人曾经合作过多次，相互比较了解对方的脾气。Mio 很有些领头大哥的风范，不论在学生面前或是在教师面前，都是完全说一不二的角色，在学校里的威信甚至高过几年换一任的校长。

今年，Oleic 照例找到 Mio：“老哥，今年的复习资料，您可还得提前关照我啊。”

“不是我不给你这个面子，”Mio 说，“去年的复习资料，按照不少师生反映，里面的题目存在一些问题。我还在考虑要不要从你这里买了。”

Oleic 知道 Mio 向来说一不二、斩钉截铁，他连忙笑着说：“是的，去年我们的进货渠道的确有问题，今年我们已经取消合作，换了新的供货方。还有，今年的材料，您可以先找最权威的老师看一遍再决定是否购买，总之，我们这边都好说，就看您怎么决定了。”

“嗯，那还不错。我说你的东西以前一直都比较靠谱啊。”

“是的，Mio主任，我们公司的复习材料从来都是走正规进货路线，不可能质量低劣。而且，价格在好几家公司里面也是最优惠的，对吧。毕竟我们有这么些年做的经验了。那您看我是不是把样本放在这里……”

就这样，Mio最后点头，答应同Oleic继续合作。

谈判局面上，我们当然不可能将所有决定权都给予客户，因为这意味着主动权的丧失。但我们又同时面临这样的矛盾：领袖型客户经常把单位的项目采购看做自己个人的事情，他们希望从中握有充分的决定权，包括决定的原因、时间和条件等。因此，决定权的表面给予和让步，是销售者面对这一类型客户时必须掌握的技巧。

这样让领袖型客户作决定

销售谈判过程中的决定无非有以下几方面：对产品选择的决定，对销售形式的决定，对价格的决定，以及对售后服务的决定。销售者不妨层层解析，将这些决定权一步步展现在客户面前，使得他们感觉到自身地位的逐渐稳固和意见逐渐被肯定，从而及时进入角色，完成谈判过程。

观察客户作决定的习惯：如果你不了解客户，犹如猎手不了解猎物，销售又如何能达到成功？因此，销售者必须观察领袖型客户作决定的习惯，比如，他们在接触到真实信息时更容易作决定，还是在进行分析后更容易下决定，都应该纳入到你的观察和总结范围内。当你总结出客户决定的习惯特征后，判断客户的下一步举动也将变得容易。

创造作决定的氛围：了解客户的习惯后，你还应该根据领袖型客户的内心特点，创造出适合他们作决定的氛围。这种氛围很可能通过揭示利益关系，或者暗示对方未发现的问题等来得以创造。但无论如何，你应该将领袖型客户放在这种氛围的中心，而不是将你或者产品置于其中。

别忘了选择性提问： 让领袖型客户感到自己在掌控局面，是最重要的销售步骤，多采用“A或者B?”这样的封闭性问题，而不要采用让人疑惑的开放性问题。因为前者将能够提供领袖型客户喜欢的掌控感，而后者会让他们感觉到仿佛是在被别人考察。当然，对于选择性提问的设计，则相当重要，你应该在平时仔细搜集，加以整理，形成自己的问题库。

无论谈判成败，你都应当学会尊重领袖型客户的意见，并让他们做出属于自己的选择。忽视他们的这种渴望，将会导致你在料想不到的地方陷入失败的泥潭。

耐心解释：多谈宏观行业环境

不害怕客户挑剔的Jerry

D公司的徐总一看见Jerry就抱怨：“你们的产品怎么又调整价格了？今年已经是第二次了，你们是不是打算把老客户的血汗榨干?”

Jerry从事的是金属原料销售，对于很多公司来说，这种原料不得不购买，但价格的调整又让他们相当不爽。徐总就是其中一个。

“徐总，您可千万别生气。”Jerry敬了他一支烟说道，“真的不是我们公司想要调整价格。”

“那怎么回事？我们可是合作好些年了。”徐总依然不高兴。

“是这样的，首先，今年西部气候不好，您也知道，矿产下降已经成了大势。还有，今年物流价格也在上升，无论是汽油还是其他成本都在调整。另外，我们以前也调高过价格，后来不又调低了嘛？您记得吧，就是2008年之前那次……”

说到过去，徐总不得不点点头，承认Jerry说的没错。

“这次是因为大环境的问题，今后环境变好，肯定还会调低，您放心吧。”Jerry总结说。就这样，一场本来可能发生的风波归于无形。

销售不可能一帆风顺，而对于客户代表来说，他们的工作无疑也是艰巨的，也面对了种种内外的压力。当客户代表感到对某些问题有所不解，需要你的回答时，销售者应该结合对方具体的性格，加以合理的解释，从而避免双方看待问题发生分歧，并陷入矛盾。

这样向领袖型客户解释

领袖型客户并非不能让对手获利，然而，他们更重视的是对方如何获利，是否足够尊重自己，以及是否足够公平。如果缺少必要的解释，无法让领袖型客户理解你背后的苦衷，那么，就算你让出了一定的空间，也还是会遭到他们的不解，而经过合理的解释，相信他们也会变得通情达理，不再拘泥于眼前。通过下面几种解释方法，你可以得到上述成果。

别用敷衍来解释：向客户解释具体情况时，你应当说出具体的背景、原因和内容，而不是加以敷衍。指望靠拖延时间或者转移注意力来减弱客户对问题的关注，最多只能帮助你一时，而不可能让你一直得以维持在客户心中的印象。我的某位学员就因为总是和客户说“等一等，我再请示”，最终失去了原本维持很好的合作关系。

别强调细节问题：当客户对你方有所不满时，他们并不会因为细节因素而改变这种不满，这是因为领袖型客户往往并不是喜欢关注细节的性格，也不是很容易被细节所说服的类型。因此，一味用那些“日期安排”“数据问题”“员工沟通”等原因加以解释，将无法让对方感到满意。

用环境原因说明：领袖型客户看重环境，因为大环境（市场、环境、时间段、政策）的各个因素都会影响到他自身周围的小环境，同时，他们也深知改变大环境是不可能的事情，只有去适应。因此，销售者应该想办法用大环境因素来说服领袖型客户，接受看起来对他们不利的情况。

无论怎样解释，销售者始终应该保持的原则是“耐心”。只有充满耐心，不厌其烦地通过正确途径加以解释，领袖型客户才会相信你所做的一切并不会损害他们的实际利益。

是什么让日本代表在谈判中战胜了权威

日本一家电子公司派遣了三位代表，同美国一家企业的一大帮精明人就他们之间的合作进行商业谈判。谈判是从上午八点半开始的，一开始，美国公司的谈判人员就显示出他们强势的一面。他们利用了图案、图表、报表等相关的专业数据将自己企业的商品一一进行了列举，更夸张的是，他们还用3个幻灯放映机将那些数据打在屏幕上，图文并茂，持之有据。美国企业想以此来表示：我们对这个行业的产品了解得很清楚，你们别想拿产品的科技水平来唬弄我们。等这一强势的自我介绍完成后，已经过去了整整两个小时。在这两个小时中，三位日本代表一直安静地坐在谈判桌旁，仔细地看着幻灯片中播放的内容，一言不发。

等介绍结束后，美国企业的一位主管打开了房间里所有的电灯开关，看着那三位不为所动的日本代表自负地说："你们认为如何？还用原来的报价吗?"

其中一位日本代表礼貌地冲他笑笑，回答说："我们对这些内容不太明白。"那位主管显然没有料到会得到这样的回答，吃惊地问道："这是什么意思？你们难道对这些产品不了解？你们不明白什么?"

第二个日本代表也礼貌地笑笑，回答道："基本上都不太明白。"那位主管的脸上已经毫无血色了，他仍不甘心地问道："从什么时候开始不明白的?"

第三个日本代表也礼貌地笑笑，回答说：“从放映幻灯片开始。”

那位主管松了松领带，暗自叹口气，有些气馁道：“那么接下来怎么办?”

其中一个日本代表回答道：“我们对自己的产品是很有信心的，只是您刚才播放的你们的那些产品我们就不是很明白了，你们还可以重放一次吗?”其他两位日本代表也纷纷点头表示响应。

那位美国企业的主管觉得再这样僵持下去也不会有什么结果，而且第一遍什么都看不懂，难道还能指望他们在第二遍中看出点什么？更何况，他也了解日本企业的产品及相关报价，一切都能接受，他只是想在这场谈判中再将价格压一压，争取更大的利益，没想到自己辛苦营造出的这种强势氛围完全是对牛弹琴。无奈之下，双方签订了合同。

案例分析

在这场谈判中，面对客户咄咄逼人的强势出击，日本代表采用了以弱取胜的攻心战术。首先，日本代表让美国人介绍他们精心准备好的一切相关数据，过程持续了两个多小时。在美国人看来，他们精心准备的数据一定会让日本人大吃一惊，借此压低价格。而日本代表面对这一强势攻击毫无所动，一方面安静地听取介绍，给对方一种十分合作、已经上钩的印象，另一方面却表现出一副“无知”的表情，还想要继续了解，以弥补自己产品的不足。这一招把对方打懵了。等对方的风头过后，日本代表开始出击，反败为胜。整个过程中，日本代表运用了“暂避锋芒、虚心求教、获得同情”等一系列策略，最终取得胜利。

案例总结

很显然，在对待“领袖型”客户时，作为销售人员，我们要充分利用这类客户想要自己做主和拥有极强领导欲望的弱点，在谈判中取胜。一方面要肯定对方的地位，承认对方的权威性，在不伤害本身利益的前提下，给予他们自由的选择权；另一方面则要暂避锋芒、适当示弱，勾起客户心中“锄强扶弱”的心理，利用四两拨千斤的方式以弱胜强。

“解决”领袖型客户话术示例

- 与领袖型客户交流，要懂得尊重对方的地位，语气上不要过于“平等”。

例如，“您说，我记着……”“您还有什么吩咐……”“我们马上按您的要求进行修改……”

- 与领袖型客户谈判，要懂得尊重对方的权威性，把决定权交给对方。

例如，“行，按您说的办……”“我们完全可以为您开这个先例……”

- 与领袖型客户交谈，要学会展示自己的“弱小”，让对方生出帮扶之心。

例如，“老实说，我在这个问题上一点辙都没有……”“这该怎么办才好呢？”

- 与领袖型客户交流，要学会以弱胜强，四两拨千斤。

例如，“我们真的不太明白，您能再为我们讲解一下吗？”

第十章

9号和平型客户：成交自在天意，问题总会解决

如何辨识和平型客户

优势分析：看客户人际关系好坏，是否是矛盾的调停者

和平型客户代表：业务主管 Grace

同业务主管 Grace 谈判是让销售员 Lius 反而感到最没有压力的业务，Grace 这个人没什么脾气，她说话轻声细语的，不愿意带上太多的个人情感，连穿着、行动也没有什么特别明显的个性特点。

正当 Lius 和 Grace 就签署合同的可能进行讨论时，业务部的一位文员敲了敲门走了进来。

“Grace，您能去一下吗？有点急事。”文员急匆匆地说道。

“什么事情这么急？”受到打扰的 Grace 并没有什么表情地问道。

“副总和财务部主管吵了起来，两个人都在发火呢。您赶紧劝劝去吧。”

Grace 朝 Lius 摊开手，做了个无奈的表情，让他稍等。因为双方已经是比较久的合作关系，因此，这些事也不必对 Lius 避讳。Grace 很快就离开了办公室，十分钟后，她神情若定地走了回来。面对 Lius 征询的目光，她微微一笑，说：“这些男领导啊，就是刺太多，其实根本就是一件关于计划报表的小事而已嘛。现在不就好了。”

Lius 这才知道，原来 Grace 的出现，能够迅速平息公司内的绝大部分

矛盾。

后来 Lius 在上培训班的时候告诉我，Grace 是公司里出名的“和事佬”，她同每一个人关系都相当融洽，无论是熟悉的还是不熟悉的，合作的或者非合作的，她总能找到相互的话题交流和接触，而所有人对她的信任也要超越普通同事的关系。上级拿她当心腹，同级拿她当朋友，下级则拿她当大姐，Lius 对此甚为不解：她究竟如何做到的呢？我的回答是，那要从她的性格类型开始分辨。

这样辨识和平型客户

和平型客户是九型人格中特点最少的一种，稳定，是他们这辈子追求的目标，而对自我的专注，又并不那么强烈。因此，这种性格往往非常容易进入强调团队配合的行业或者企业中。和平型客户不喜欢坚持自我，他们很难拒绝别人，但正因为如此，其他人会比较欣赏他的善意，所以人际关系相当出色，这也正是 Grace 的价值所在。

原则性不强：和平型性格的人觉得，这个世界已经有太多的冲突和矛盾，而利益还是永远不会分配得当，那么，这一切岂不是徒劳？因此，在他们的希望中，人和人应该平等而宁静，不应该产生冲突和矛盾。如果出现，那么就会让身居旁观者的他们也会相当不快。为了平息纷争，赶紧回到正常状态中，和平型性格者有可能不去追究或分析究竟谁对谁错，而是一味劝和，这就导致了他们的原则性不强，没有相应的棱角锋芒。

利益意识不突出：和平型客户是对人不对事、依靠本能做出选择的那一类，因此，他们考虑问题往往不是从最清晰的利益逻辑开始，而是属于通过观察大流而作出决定的类型。比如，我的一位客户是公司某部门经理，他曾经向我抱怨说自己的“优柔寡断”，明明知道某副总提出的方案对自己部门有利，但是，面对大会上较多的否定之声，他也觉得自己是否想错了，而失去了支持的机会，到最后才开始后悔。其实，这只是和平型客户的正常表现而已。

喜欢平稳状态：和平型客户的生存方式不是走上前台去表现自己，而是尽量隐藏在人群中，甚至希望其他人也和自己选择一样的人生观。因此，他们往往能够制造出平稳的氛围，不仅调息周围的矛盾，也会让自己的个性和能力受到埋没。但是，无论别人怎样看他们自己的“浪费”，和平型客户并不后悔，他认为他做出了正确而有价值的选择。

和平型客户因为上述特点，而在一个集体起着“稳定剂”的作用，下一次你发现自己的客户是单位人际关系的灭火器时，不妨就此判定他的性格类型吧。

劣势观察：观察对方是否不扛大旗、不愿改变、行动迟缓

Luna 的无奈

洁具销售代表 Luna 同某大酒店的行政经理 Eada 谈了有两三天，但很明显进展并不算快。今天，Luna 打算和 Eada 摊牌。

“Eada，前两次关于我们的产品，您已经有了相当的了解，而且我要是没理解错，这件采购标的并不算大，老总把采购权直接交给了您，对吧。”Luna 上来就开门见山地直奔主题。

“事情倒是这样，不过，对于你们的产品，我们毕竟没有听说过。”Eada 皱着眉说：“另外，我想产品的资料，还是应该传真给老板看一下比较好。”

“那么，老总的意见是……”

“很遗憾，我们老总去了欧洲，时差问题，传真必须今晚才能发送，而且他的会议很繁忙，不太清楚是不是抽空能回复。”

Luna 心里像着了火似的，眼看能够成功，却被这个不愿承担任何压力的经理挡在了终点线以外，他究竟有没有诚意啊？

如果说 Eada 没有诚意，那一定是冤枉了他。其实，Eada 内心也认可 Luna 的产品，但他始终无法说服自己就这样承担下签约的责任，宁愿去花费时间和精力，请教自己的老总。好在不久后，老总就批准了签约，Luna 总算没有白跑这一趟。Eada 作为和平型人格客户的典型，也一次次出现在 Luna 和其他学员的分享中。

这样测试和平型客户

"什么，让我来决定？"作决定这件事情，对于和平型客户来说，不啻一次重大的考验。因为他们总是喜欢忽略自己内心的想法，凡是需要直接表达自己立场的时候，都会感到说不出来的压力。因此，必须要对什么事情做出承诺，抑或安排某些事情的完成顺序时，他们会感到无从选择，难以决定。了解这一特点，销售者可以这样测试你的客户是不是和平型客户。

观察节奏：和平型的客户并不追求紧张告诉的节奏，"女强人""职场达人"似乎同他们远离。他们的工作节奏往往是自由而随和，如果他们领导着部门，那么整个部门的工作节奏也会变得较有弹性起来。这种工作节奏当然不会让上司很满意，但上司也无法具体说出毛病所在，而和平型客户自己有时候也不清楚一天忙了什么，但好像又忙了很多事。

注意语言：和平型客户的语言经常显得慢条斯理，说话速度平和，不慌不忙，语音语调也没有太多的起伏，抑扬顿挫更是毫无可能。然而，和平型客户说话的问题还是很明显，他们在谈话中往往拿不定主意自己应该表达什么，即使他们内心知道重点，也不愿果断地说出来，而是用"你认为呢""都一样""按你的意见"等来表述。

请教决定：在请教客户作出决定时，和平型客户的某些表现最为典型。他们往往无法独当一面地说是或不，而是要参考技术人员的意见，开会、研究或者向领导汇报等，总之，只要别让他一个人来面对这种决定的压力就好。因为事情很明显，当你把决定权的皮球抛给他时，他的安宁生活就被打破了，因此他必须找到更多的后备力量，来帮助他承担这个皮球。

和平型客户不喜欢抛头露面，不爱变化多端的生活，这些特点决定了他们舒服的生存状态，顺便透露一下，和平型客户大都保养的不错，甚至体态丰腴，想必这也是平和带来的一大好处吧。

与和平型客户的沟通方式

顺其自然：不强行要答案

逼着客户回答的 Qunta

"您看看，我们的健身器材怎么样?"导购员 Qunta 热情地对着在健身店内徘徊的一位老年顾客介绍说。这位老年顾客六十来岁，面容慈祥，听见 Qunta 的介绍，连连点头说："好的，我来看看。"

"您看，这是专门为年轻人准备的有氧系列，这是跑步机、健身自行车、腹肌板、哑铃凳……" Qunta 热情地比划着说道："您家的年轻人都可以使用这些器材，锻炼自己，美化身材哦。"

老人看着不太熟悉的器材，一边点头，一边扫视其他产品。

看见客户态度暧昧，Qunta 继续说道："您看，还有专门为老年人准备的休闲设备，比如，桌上足球、乒乓球、飞镖机等，这些怎么样……”

老人点点头，说：“好像是蛮好的。不过，我是为咱们老年大学来看的，我还得回去问问大家。”

“这个没问题，不过，您看看这条街，只有我们的价格最实惠。要不，您先下个订金，还是先订点样品?”

“算了，算了，我回去看看吧……”看到如此热情的Qunta，客户忙不迭地摇手，然后转身离开了。

这位老年客户的表现，属于典型的和平型人格。由于受到知识所限，或者加上人际关系、地位等客观原因，她并不愿意作出积极的决定，甚至连清楚的态度都不表达。但这并不代表他们无法在消费过程中起到重要作用，事实上，销售员如果能及早发现客户的性格类型，并采用侧面的方法施加影响，期待客户能够去后台发挥力量，将会获得更好的结果。

这样宽容和平型客户

不要对和平型客户要求过于严格，让他们迅速给出清晰有力的答案，并不现实。虽然销售者希望自己能马上得到可以参考的情况，但和平型客户善于隐藏自己态度的性格，会导致销售者无法达成这样的目的。所以，你必须学会在沟通过程中，宽容和平型客户的优柔寡断，并提供他们必要的思考时间。

学会等待：和平型客户在作出消费决定之前，势必需要一定的时间来思考。因此，我们必须要在面对他们时学会必要的等待，才能获得客户的信任，并最终等到他们的决定。当客户思考时，最好的方法是你保持适当的中立，同客户之间保持一定的距离，咄咄逼人的气势无法让你获得足够的加分，只能丢失主动权。

听懂他们的表达：和平型客户不太善于拒绝别人，当他们想要等一等作决定时，会对“逼迫”他们的销售代表给出适当借口。比如“我还要请教上级”“同事的想法我们还需要沟通”等。这些表达并不代表拒绝购买，而的确是和平型客户的真实想法。因此，如果你听见和平型客户这样表达，不妨在内心真正权衡一下，再作出适合的回应。

少做选择性提问：选择性提问会让和平型客户感到威胁，“非 A 即 B”的困境，会让客户感到陷入绝境般的无助。和平型客户不愿意面对压力，如果销售代表总是喜欢用选择性提问来促使他们尽早点头，那么很有可能获得的结果是对方的转头而去。使用“您的看法是?”“您会怎样决定?”这样的问题，将能让和平型客户理性思考，获得答案。

和平型客户总是希望世界风平浪静，那种靠气场取胜、试图通过激发客户短期内的冲动来获得成功的销售理念，看来并不适合他们。

合理施压：找机会让对方接受你的意见

寻找最好机会：厚积才能薄发

在某家4S店，我曾经听过这样一段对话。

销售员：“先生，有什么我能帮你的?”

客户：“我想购买一辆大一点的越野车。”

销售员：“好，您请看看这辆，看它的底盘……还有这辆，宽阔的空间……”

客户：“都不错，不知道怎么选择。那么，价格怎么样，能给优惠吗?”

销售员：“是可以优惠的，您只要看准，我可以帮您申请到最好的折扣水平。”

客户（犹豫地）：“我来打个电话问问家人。”

(电话打完后)

客户:“你还能给我一点建议吗?”

销售员:“其实我们最受欢迎的是这边这款越野车，很多政府和企业采购都用这辆呢。您可以试驾的，怎么样?”

客户:“嗯，试试也行吧，不过我不一定买啊。”

销售员:“那没关系，我们会尽快安排好您的试驾。您可以填一下这份表，留下您的电话号码，便于我们后面为您服务。”

(试驾之后)

销售员:“您喜欢这种吗?”

客户:“这种不错，不过，另外一种外形更好。我好像还要请公司同事来看看，明天我再过来。”

销售员:“那是，多咨询点朋友是应该的，毕竟价格不菲。虽然这款车数量不多，但我们还是可以调来的。”

过了一周，我又碰到这位销售员，她告诉我，上次那位和平型客户已经买了一辆越野车。可想而知，前期的铺垫，加上必要的潜在压力，让这位客户内心的消费欲望慢慢燃烧起来，通过销售员给予的信任、鼓励和刺激，他最终选择了购买。

这样鼓励和平型客户

和平型客户需要有足够的动力来完成购买，因此，销售者除了掌握耐心等待的方法之外，还需要能够学会正确地鼓励他们。而鼓励的重要手段，就是给对方施加潜意识上的压力，以便他们尽早作出决定。

分享看法：一开始接触中，销售者并不需要给和平型客户太多的刺激，你需要做的应该是帮助他们认清自身的购买需要，这是因为他们平时无论在工作中或是在生活中，都习惯于听从他人的建议作出决定。而此时他们很可能习惯性地参考你的建议。所以，不妨像朋友那样帮助他们设计比较好的方案，从而起到激活他们交易的作用。

数字暗示：在铺垫的过程中，无论介绍产品情况，或者介绍市场购买情况，你都可以或多或少地加上数字的概念。比如“产品销售一周告罄”“要到下个月才来新货”，或者“价格还可能提高10%”“有十几位客户在排队等待”等，这些数字会让和平型客户更多地思考，并产生适当的压力。

关系提醒：如果对方选择暂时离开，那么销售员并不需要过于紧张，因为和平型客户的离开经常只是为了逃避决定时刻，而并非代表拒绝。所以，不妨在他们选择离开前，给予一定的关系提醒，比如“您的资料我们会长期保存”“我们会继续保持联系”“我们会及时通知您”，这样，和平型客户会受到足够的暗示，明白你们之间的业务关系还存在。

任何客户都需要受到一定的压力才会掏钱购买，我们需要关注的是，用怎样的方法给出和平型客户所能接受和见效的压力。

与和平型客户的沟通忌讳

不懂得自律：情绪高昂，表达激烈

狮子的声音会吓坏平和的小鹿

某家服装店内。

服务员：“哎哟，小姐，这款衣服穿在您的身上真是漂亮极了！太适合您了，就买这个吧！”

顾客："我再看看那种款式的行吗?"

服务员有些不耐烦："您都试了三种款式了，每套都很漂亮，我觉得都很适合您的。"但还是拿出了顾客指定的那套衣服。

顾客刚穿到脖子上，还没照镜子，服务员又高声开口道："不错不错，这个也很好，真精神啊！就这件吧，我给您开发票去。"

看着服务员要去开发票，顾客赶忙拦住她："等等，我还没想好呢。"

服务员又开腔了："您还犹豫什么啊，这多好的衣服啊，赶紧做决定吧。"

"我先考虑一下，再去别家转转吧。"顾客明显有些不适应服务员这么"热情"的态度。

"嘿，不是我说您，再转下去也没有比这更适合您的了，就买它吧!"

"算了，我看看再说吧。"顾客说完转身想走。

"哎，您别走啊，咱们再商量啊!"服务员伸手想要拉住顾客，顾客逃也似的跑走了。

显然，服务员这种夸张的热情吓坏了顾客脆弱的心，她的过度热情不仅没有留住顾客，反而起到反向作用，赶走了顾客。作为销售人员，热情待客是必需的，但是不能热情的过火，更不能表达出激烈的情绪，那样真会吓坏顾客的。尤其是对于和平型的顾客，如果我们过于热情，实际上会让顾客感到很大的压力。也许你推荐的商品真的是最适合顾客的，但是，一定要注意表达方式，正确的表达方式才能留住顾客。

这样向和平型客户表达

和平型顾客的性格属于平和型的，就像是四季中的春天，很温和，他们说话的时候不温不火，很好交流。但是他们很害怕那种情绪激烈的表达，那样会使他们处于一种压迫的状态下，他们的内心会产生反感的情绪，这样是极不利于交流的。因此，向和平型客户表达时，我们一定要注意表达方式。

仔细倾听：在面对和平型客户时，一定要学会倾听。虽说和平型客户不善于自己拿主意，但是不见得他们对自己将要购买的商品没有想法，只是他们不太善于表达出来而已。这时就需要我们销售人员作出恰当的询问，而不应该想当然的独自为顾客做决定。

平等表达：面对和平型的顾客时，销售人员经常犯的一个致命的错误就是主观、强势，这个错误几乎会赶跑所有和平型的顾客。每个人都希望得到别人的尊重，都想要受到平等的对待，当我们面对顾客时，不应该以强势逼迫其就范，而应该利用本身对行业的了解尽力去说服他们。对于这种平等的表达方式，他们很乐意也很容易接受。

赢得信任：通过倾听顾客的需求、向他们进行权威式的平等表达后，会让他们在感受到受尊重的同时，折服于我们销售人员的知识和魅力，这样才能取得他们的信任，才能留住顾客，拿下订单。

不会说好话：言辞苛刻，暗中伤人

锋利的话会刺伤柔软的心

在一家珠宝店内，发生了下面的一幕。

服务员："太太您好，欢迎光临本店。"

顾客："我想看下项链。"

服务员："您请看，我们的样品都在这里。"

试看了几条之后。

顾客："麻烦你再帮我拿那条项链看下。"

服务员："太太，您刚才看的那几条已经是本店很好的了，而且是名牌，经常做广告，样式也挺适合您的年龄。说实话，这条适合年轻点的女性。”

顾客明显有些不高兴了。试戴之后还是没有做出决定，目光在那几条项链上来回移动。三分钟后。

服务员：“太太，您倒是买不买啊？都看了这么长时间了，得多好的才能入您的法眼啊？那边还有别的客户等着呢。”

顾客：“不买了！”说完转身离开了。

本来女性挑首饰就很仔细，如果再遇到一个和平型拿不定主意的客户，那么我们销售人员就更要花费一些心思了，否则就会谈判失利。珠宝店的服务员显然没有掌握和平型顾客的心理，她们本来就因为自己内心的犹豫不决而感到不愉快了，如果此时再在她们的心上扎上一刀，那肯定会赶跑客户。即使那条项链真的不适合顾客，也应该用委婉的语气告诉她，而不是赤裸裸的说出来。而且在她们犹豫不决时，不能恶意催促，应该向她们提些建议，以此来加快她们的选择。

这样与和平型客户谈话

俗话说“好言一句三冬暖，恶语伤人六月寒”，越是性格平和的人，越是受不了那种带刺的话。在销售中，面对和平型的客户，如果销售员说出那些冰冷、带刺的话，就无异于“自杀”。谁都会尽力保护自己柔软的心，心都受伤了，生意还怎么谈？因此，与这种类型的顾客交谈时，一定要注意说话方式。

越放松，越成功：与和平型客户交谈，我们的销售人员一定要营造出一种轻松、舒适的谈话氛围，以此来缓解这类顾客在谈话过程中的紧张情绪。越放松的交谈，越能问到实质性的问题，也越容易取得顾客的信任。

说赞赏的话：对于和平型的顾客，要学会称赞他们做出的选择，而不是对他们的选择横加指责。可能你觉得那件商品并不适合顾客，但是在没有了解顾客的前提下，你怎么能确定那不是顾客真心喜欢的呢？不要将自己的思想强加于他们的身上。

说温和的话：对于和平型顾客来说，他们不喜欢冲突，不喜欢争吵，甚至不喜欢激烈的讨论，那就更别提说恶意的话了。因此，对待这种类型的客户时，要说温和的话，这样才能与他们谈得来，才能获得他们的认同，取得他们的信任。这样，生意做起来也就很容易了。

谈判宝鉴

做参谋官：必要时替他选择

了解客户的需要，为他做出选择

Robin 想要为女朋友买一部手机，走进了一家手机专卖店。接待他的导购员是一位年轻的小伙子，很热情。

“先生您好，来看手机啊。”导购员热情地招呼着 Robin。

“是啊。”Robin 随口应了一声，便不再说话，看起来有些局促。

“您买手机是要自己使用还是送人啊？”导购员看出 Robin 的紧张，继续循循善诱地询问到。

“我女朋友马上要过生日了，她的手机已经很旧了，我想在她生日的时候送她一部新手机。但是我对手机了解很少，又不知道该给她买个什么样的，买的不好又怕她不喜欢。”Robin 老实回答到。

“哦，您是想买手机送给女朋友啊，那我给您推荐一款吧。年轻的女性都喜欢颜色靓丽的、形状小巧可爱的手机，那样既漂亮又好携带。比如这款手机，就很适合女性使用，里面不仅内置了音乐、视频播放器，还有很多好玩的小游戏。而且现代人都离不开网络，这款手机也可以上网，可以下载很多常用的软件……”导购员边说边拿出一款三星的手机，让Robin试用了一下。

“多少钱?”Robin感觉还不错，就继续问道。

“现在搞促销，只要780元。这款手机卖得很好，很多女性顾客都来这里买，您女朋友也肯定会喜欢的。而且，这是市场上最便宜的价位了，您若是不信，可以去其他的柜台问问。”

“我再转转看，真要像你所说的话就过来买。”显然Robin已经心动，但是又没有立刻做出决定。

“当然可以，我随时恭候。”导购员并不着急，而是放走了Robin。

果然，过了一会儿，Robin就折返回来，买走了那款手机。

我们从对话中能够看出，对于Robin这样的和平型客户，缺乏一定的主见性，在做选择时不善于拿主意，潜意识里希望有人能够代替他做出那些“艰难”的决定。而且在购买自己不太熟悉的商品时，会露出一些紧张的神色，那是源于他们内心的一种逃避欲望。对于这样的客户，作为销售方，就要掌握技巧，为对方做出相应合适的选择，尽快促成谈判。

这样为和平型客户做选择

针对于和平型客户不善于拿主意、做决定的潜在思想，作为销售方，我们要善于把握这一点，在了解到顾客的真实需求后为他们提供些选项，并在必要的时候亲自为他们做出决定。

询问需求的方式要平和：和平型的顾客不仅不善于自己拿主意，更不善于表达他们的想法，尤其是在选择那些他们也不太懂的商品的时候。这时，作为销售人员，就要通过询问的方式来挖掘顾客的需求，只有掌握了需求，才能对症下药。对于和平型客户，我们必须要有足够的耐心，不能进行“炮弹”式的发问，那样激烈的询问对于和平型客户来说无异于警察的“查户口”，很容易引发他们心中的反感。从性格销售原则上讲，询问的问题不要同时超过两个，问完一个问题后要留有足够的时间和空间等待顾客的回答，然后根据顾客的回答来为顾客推荐选项，并在恰当的时候为对方做出选择。

推荐选项要合理：对于和平型的客户，虽然他们不善于做决定，但是这并不代表他们内心深处对自己要买的商品一无所知。因此，在为这种类型的客户推荐商品的时候，一定要推荐最符合他们要求的，千万不要觉得他们好欺负，就胡乱敷衍、欺骗他们，那样的结果会很严重。

为客户做决定：在与和平型的客户做足交流的铺垫工作，取得他们的信任，并在心中为他们选择了最适合的商品后，如果你的客户还在犹豫不决，那么不妨亲自为他们做出决定，告诉他们哪件商品是最适合他们的，让他们直接购买。出于信任，客户会将你当做朋友，你的推荐也必然会成为他们的第一选择。

旁敲侧击：给客户留足选项

曲线救国，为客户留下思考的空间

服务员：“小姐您好，欢迎光临我们店。”

顾客：“嗯，好的，我先随便看看。”

服务员：“买衣服是要多看看，多选择一下，而且现在衣服的牌子这么多，总会让人挑花眼，您说是吧？不过，小姐，如果您不介意的话我要向您介绍几款我们正在特价促销的衣服，这几款衣服非常适合您这样清新、闲适的女性，卖得特别好。您买不买没关系，可以先了解下。”

顾客：“哦，是吗?”

服务员：“嗯，当然，请您跟我到这边来。”

站在那些衣服面前，顾客显得犹豫不决。

服务员：“请问小姐，您对这些款式的衣服满意吗?”

顾客：“嗯，衣服的款式还行，只是我喜欢穿淡蓝色的衣服，我觉得那种颜色比较适合我。可是，我发现这里并没有那种颜色。”

服务员：“嗯，您说得很对，淡蓝色的衣服是挺适合您这种类型的女性，您还真会选衣服。不过，您应该也知道，除了淡蓝色，还有粉红色、浅绿色这些鲜艳却又不扎眼的颜色也都很适合您。您身上的衣服就是浅蓝色的，为何不买些其他颜色的衣服穿呢？那样肯定会让您周围的朋友耳目一新的。”

顾客：“真的是这样吗?”

服务员：“当然，您可以试穿一下，然后询问一下您身边的朋友，她肯定更了解您。”

试穿后，顾客与同来的朋友进行了简短的交流，最后买走了一件粉红色的衣服。

见到有客人进来，服务员热情地迎上去并打招呼，借此初步确定顾客的性格类型。顾客以平和的语气回应了服务员，但是又没有提出任何要求，这说明顾客是属于和平型的。对于这种类型的顾客，如果任由她们“随便看看”，肯定会流失掉客源，于是，服务员主动出击，为其推荐了几种款式的衣服，并且给客户留足了选项。

当服务员见到顾客在对款式满意而又犹豫不决时，马上意识到她遇到了新问题，然后主动询问。在顾客说出心中关于颜色的疑问后，服务员马上又为顾客做出推荐并让其进行选择，最后，还不忘让顾客询问一下身边的朋友，从侧面进攻，搞定这一客户，谈判成功。

这样为和平型客户留出选择的空间

和平型的客户很“害怕”那些咄咄逼人的销售人员，他们从内心深处反感那样的销售方式。面对和平型客户时，一定要为他们留出足够大的舒适、宽松的空间，让他们有足够的时间去考虑是否购买，逼得太急，反而会吓跑客户。

为顾客留出思考时间：和平型顾客购买商品时，需要更多的时间来思考，他们那颗犹豫不决的心需要足够的时间去适应面对的商品。所以，在面对和平型顾客时，不妨给他们留出一定的时间，让他们做充分的考虑。

提供足够多的选项：如果你在购买商品时，服务员对你说：“就是这件了，你买了吧！”对于这样强加式的销售，你肯定会非常反感。同理，每位顾客都不希望自己的命运被别人轻易地安排，即使很好说话的和平型顾客也是如此。因此，在为顾客做出推荐时，要为他们提供足够多的选项，让他们从中挑选。那样，他们就不会存在受压迫的感觉，他们更享受在那样的环境中购物。

采用“封闭式”询问：在顾客面对多种商品拿不定主意时，不妨以“封闭式”询问的方法来“迫使”他们做出选择，这样既能给顾客留出足够的空间，又可以令他们快速做出决定。比如可以这样询问：“您是喜欢这种款式呢还是那种款式呢？”“咱们是在这里签合同还是去您的办公室签？”……这样的“封闭式”询问能够给对方一定压力，让他们迅速从你提供的选项中做出选择。

戴尔·卡耐基是如何在谈判最后反败为胜的

关心对方的利益，为对方着想，生意才能谈成。

戴尔·卡耐基曾有过这样一场谈判经历。

有一段时间，他需要在每个季度用10天时间在纽约举办系列讲座，为此，他租用了当地一家饭店的舞厅作为演讲场所。

起初，演讲进行得非常顺利。但是在某个季度开始时，他突然接到了这家饭店经理发来的一封信，信中要求提高租用舞厅的租金，而且还高出很多。当时，卡耐基正要举办讲座，门票都已经印好并发出去了。面对经理的这一要求，卡耐基亲自登门进行谈判。

见到经理后，卡耐基对经理说了很多好话，希望他继续按照原来的租金收费，或者是加租金也可以，但是别这么高。然而经理不为所动。在了解到经理属于那种“和平型”的谈判对手后，卡耐基决定利用利益来打动对方。

卡耐基说：“对于你们提高租金的要求，我一点也不埋怨，如果我处在这个位置上，可能也会做出相同的举动。毕竟，作为这个饭店的经理，你也希望能够获得更多的利益。但是，您这样的做法真的能获得更高的利益吗？我们来认真的研究一下。”接着，他拿出一张纸和一支笔，在纸中间画了一条线，左边写上“弊”，右边则写上“利”，然后在写有“利”的一边写下“出租舞厅”。做完这些后，卡耐基接着说：“如果舞厅闲置的话，可以作为舞会或会议场所使用，那样就可以为您带来更大的利润。假如我占用的时间长，那么您肯定会有所损失。不过每个季度我只占用10天，时间很短，不会耽误您做别的生意。”

见到经理点点头后，他接着说：“现在我们再考虑一下‘弊’。其一，如果按照您信中的要求，那么我只有退租，因为租金太高，我负担不起，这样，您就失去了这笔收入。其二，我召开的这个讲座能够吸引很多有知识、有文化的人的来您的饭店，这在无形中为您做出了免费的宣传。我听说您曾在报纸上花了3000美元想要吸引更多的顾客，但是显然，那笔巨大的花销并没有我的讲座吸引的人多。如果我不在这里办讲座了，那么您还要花费更多的钱来吸引顾客，这对您来说是一个巨大的损失。”卡耐基将这两项弊端写下，交给经理说：“我希望你再仔细考虑一下。”

第二天，卡耐基就收到了那位经理的回信，对方在信中讲述了自己面临的处境，然后通知他只提高一点租金。这种程度是在卡耐基的承受范围之内的。

案例分析

在这场谈判中，对手正是属于那种“和平型”的客户，虽然提出了加价，但是态度还很温和。面对这种对手，卡耐基抓住他们的心理特点，从对方的利益角度出发，通过阐述双方的利弊来打动对方，虽说是让对方最终做出选择，但更大程度上是卡耐基为对方做出了选择。

案例总结

同理，在面对“和平型”客户时，要从他们的角度出发，考虑他们的利益关系，利用他们不善于做决定的性格缺点，在适当的时候为他们做出相应的选择，这会让他们坚定购买商品的决心。但是，为这种类型的客户做决定时，要以和平的方式进行“演变”，千万不要以咄咄逼人的态势令其就范，那样不仅难以获得他们的认同，反而会让他们心生反感，这样，生意就难以谈拢了。

“解决”和平型客户话术示例

• 与和平型客户交流，要语气平和，不要言辞激烈或是话中带刺。

例如，“既然您喜欢蓝色的，那您看看这款衣服怎么样?”

• 与和平型客户谈判，要懂得为对方营造出宽松的环境，不能逼迫过甚。

例如，“没关系，您可以慢慢看……”“我就在旁边，您可以随时叫我……”

• 与和平型客户交谈，要懂得为客户提供多种选择，为他们留有选择的空间。

例如，“这种手机小巧玲珑，这种手机待机时间很长，这种手机……您可以看看，做个选择。”

• 与和平型客户交流，要学会“代为做主”，在适当的时候为其做出选择。

例如，“这条项链就非常适合您，显得您高贵、典雅，非常有魅力，如果您没有其他更好的选择的话，我建议您就佩戴这条……”

附录 九型人格理论与销售工作相关图谱

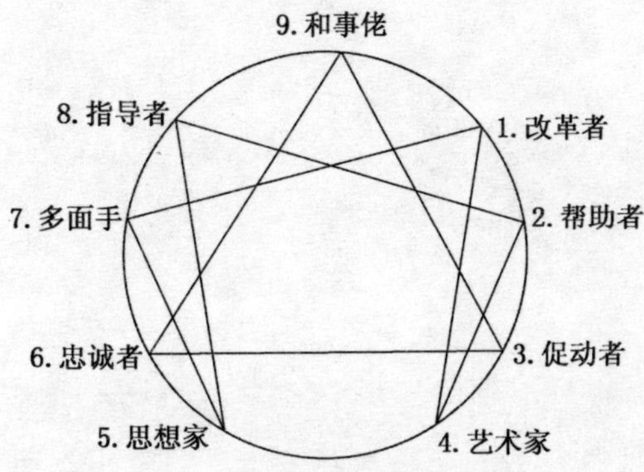

图1 九型人格销售工作坊

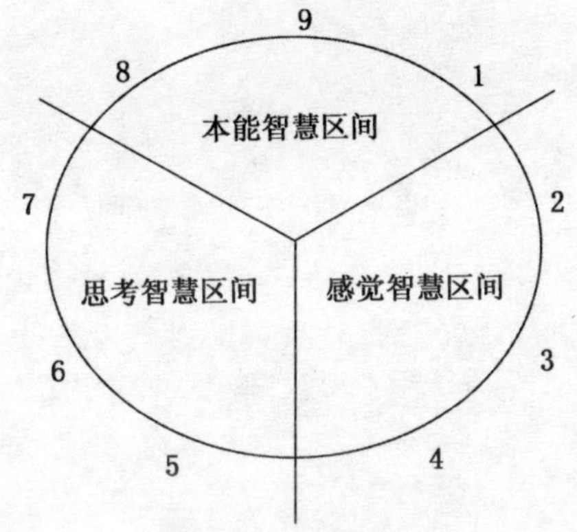

图2 处世之道

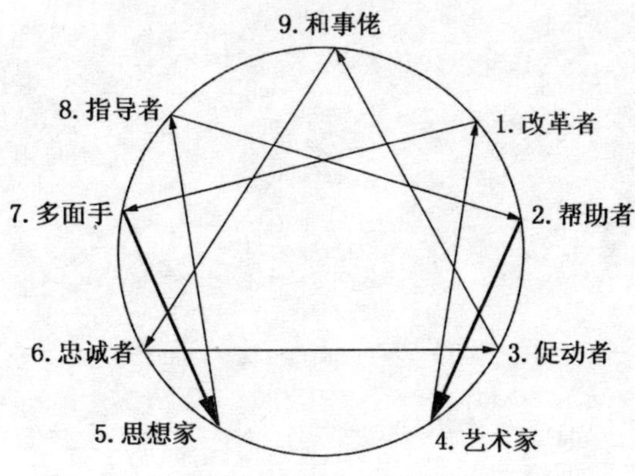

图3 九型人格的变化

助力企业成长

中国财富出版社*
北京联大文化 联合出品

作　者： 吴东　　**定　价：** 32.00 元

出版社： 中国财富出版社

《九型人格与卓越销售力》内容简介

本书依据“九型人格”理论，将销售人员遇到的顾客分为九种不同的类型，通过探讨每种类型顾客各自的优势和弱势，分析他们在购买商品与谈判中的“心理弱点”。最终，教会销售人员如何牢牢抓住顾客的心理弱点、掌握他们的思维方式、学会与他们的对话技巧，以此提高销售技能，卖出更多的产品。

作　者： 高乃龙　　**定　价：** 32.00 元

出版社： 中国财富出版社

《夹缝中的利润：小微企业的生存赢利之道》内容简介

和世界 500 强相比，中国企业是小微企业；和中国 500 强相比，中小企业是小微企业。我国的小微企业是解决就业问题的主要力量，但小微企业的发展却面临困难。本书是帮助小微企业突破自身困境的第一本实战书籍，书中结合企业案例现身说法，通过独到的分析、有效的定位和精准的策略，最终帮助小微企业实现可持续发展。

作　者： 高子馨　　**定　价：** 32.00 元

出版社： 中国财富出版社

《形象决定身价：职场人全方位获得成功的6个魔法》内容简介

你一定羡慕过那些商界、政界精英们翩翩的风度；你一定渴望着在别人面前表现得潇洒自如。个人形象是个人竞争的软实力，纵然你有很高的学历，纵然你经验丰富，如果没有良好的个人形象，你也很难取得成功。本书从什么是个人形象出发，通过生动形象的事例论述，专业权威的建议提示，帮助你一步步提升个人形象和气质。相信你能够在书中找到你尚未成功的原因，也能够找到通向成功的捷径。

*注：中国物资出版社已于 2012 年 4 月 1 日起正式使用新社名“中国财富出版社”。

QIYE CHENGZHANGLI SHUJIA
企业成长力书架
助力企业成长

中国财富出版社
北京联大文化
联合出品

作 者：付述信　　定 价：32.00 元

出版社：中国财富出版社

《职业化团队五项管理》内容简介

本书从五个方面阐述了打造职业化团队的管理方法：目标管理、团队精神管理、执行力管理、责任管理、结果管理，以此对团队运营和团队成员的能力提出要求。全书的内容是以经典的案例开篇，使每一个读者可以从故事中领略到管理的奥妙，经过对案例的分析，给出最恰当的管理方法。用最浅显易懂的语言概括出了管理团队的精髓，旨在让每一个读者明白，打造职业化团队并不是深不可测的。

作 者：刘逸舟

定 价：35.00 元

出版社：中国财富出版社

《说服的力量》内容简介

是否具备说服的能力决定了你生活的顺利程度、决定了你事业上的发展、决定了你是否是个具备影响力的人，甚至决定了你能否掌控自己的人生。掌握了说服力的人，能够使他人遵从自己的意愿，能够使他人自愿地帮助自己，能够把陌生人变成好友，把冲突化解为无形，使家庭中的关系更加和谐。

本书全面揭晓说服中的奥秘，通过专业的分析与归纳，帮助你建立自己强大的说服力和影响力，使你避免在人群中人云亦云、随波逐流！

作 者：刘星

定 价：32.00 元

出版社：中国财富出版社

《职场360° 沟通：职场人交流得力的完全沟通术》内容简介

人脉是成功的关键。那么，这人脉从哪里来呢？需要你去开发、去构建，方法就是发挥自己的心思，抓住遇到的每一个人，去好好地沟通、交往。良好的人际交往能力是形成雄厚人脉资源的不可缺少的要素。本书即讲述了各种最适合职场达人或菜鸟们学习、运用的沟通技巧，掌握这些沟通技巧，即会成为打遍职场无敌手的精英高手。从现在开始，努力培养自己的沟通能力，成为战无不胜、可以搞定任何人的职场达人吧。

作 者：蒋巍巍

定 价：32.00 元

出版社：中国财富出版社

《冲突管理：化冲突为转机的 9 个步骤》内容简介

现代商业社会竞争日益激烈，企业稳定的重要性不言而喻。不管什么样的企业，都应当及时处理冲突，不让冲突激化，才能有更多的精力提升核心竞争力，从商业大潮中脱颖而出，走上成功的巅峰。在这本书里，我们将为管理者带来全新的思路和手段，从冲突的源头，到冲突的结果，一一为管理者详细解读，彻底解决“冲突到底要怎么管”这一职场难题。

QIYE CHENGZHANGLI SHUJIA
企业成长力书架
助力企业成长

中国财富出版社
北京联大文化 联合出品

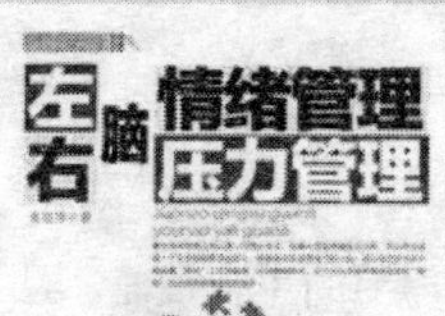

作　者： 张友源　　**定　价：** 29.80 元
出版社： 中国财富出版社

《左脑情绪管理　右脑压力管理》内容简介

大脑是人体的中枢，人生所追求的工作幸福、生活幸福，其实都隐藏在人类的大脑中。本书的独到之处在于提出了人类大脑的功能分区问题，主张每一个人都应该科学地使用好自己的左右脑，以使自己生活得幸福，在工作中享受到幸福感。作者认为，人类的左脑控制着情绪，而右脑则控制着对压力的感受，当左右脑彼此结合起来使用或交替使用时，就可感受到幸福，由此而揭示了幸福的神秘密码。

作　者： 杨长征
定　价： 35.00 元
出版社： 中国财富出版社

《领导三斧半：100% 实现目标的领导智慧》内容简介

什么样的领导才能带领团队走向成功？如何做才能称得上是“优秀领导”？本书从古代名将——程咬金的“三板斧”入手，通过形象的语言、生动的案例及清晰的分析，将领导者的工作智慧总结为“领导三斧半”：瞄、抡、砍、变。灵活运用“领导三斧半”，打造名副其实的“优秀领导者”！

作　者： 郝枝林　刘飞
定　价： 39.80 元
出版社： 中国财富出版社

《渠道为王：找对渠道做销售》内容简介

渠道就是市场，占领渠道就是占领市场。本书从 IBM、DELL 等品牌的实际案例入手，揭示了渠道在市场营销过程中的重要意义。通过渠道理论与实践充分结合，指导实际的销售活动，是一本全面解读渠道战略的实战宝典。

作　者： 陈星全
定　价： 32.00 元
出版社： 中国财富出版社

《谈判攻略：销售这样谈最有效》内容简介

本书是一本结合销售实践和谈判技巧的实用工具书，对销售谈判人员在谈判过程中的不同阶段、消费者的不同心理，以及谈判者应该怎么去面对客户等方面都作了详细的介绍，内容通俗易懂，栏目设置精彩纷呈，可以帮助销售人员从根本上理解销售的本质，提升自我销售境界，对销售谈判人员的工作具有指导作用。

助 力 企 业 成 长

中国财富出版社
北京联大文化

联合出品

作　者：吴群学　　**定　价：**32.00 元

出版社：中国物资出版社

《学规则　融团队》内容简介

当你进入一个团队，而自己又不能改变团队的规则，学习和适应规则就成为你进入团队的必修课。记住：学习规则，融入团队，你才能快速地进入职场人的角色。

团队内部的一切问题都来源于规则问题。认识规则、把握规则、利用规则，最终同规则融为一体，才能在职场生存并不断前进。本书将告诉你后 80、90 后职场人快速成长的法则！

职场就是：学规则、用规则、造规则！团队就是：先融入、再切入、后深入！

作　者：蒋巍巍

定　价：32.00 元

出版社：中国物资出版社

《左右逢源：职场人际关系的 9 堂课》内容简介

在职场上，你是否会担心孤立无援？是否会羡慕那些在人际关系上有特别天赋的人？是否希望为自己赢来良好的人际关系？职场成功又该如何界定？本书从职场里的一个个鲜活案例入手，生动地展示了职场中的沟通技巧，让你学会在职场中左右逢源，用人际打开晋升之门。

作　者：于飞

定　价：35.00 元

出版社：中国物资出版社

《向大客户要业绩》内容简介

抓住大客户，就抓住了大订单，抓住了高业绩，抓住了职场前景。所以，抓住大客户是每个销售人员的目标。然而要如何抓住大客户呢？这就是本书的价值所在。应对大客户的方方面面都需要更巧妙的技巧和方法，本书从 20/80 法则入手，帮助销售人员降低在销售工作中的成本投入，并提高能效产出，让销售人员掌握搞定大客户的技巧，在最短的时间拿下最大的订单。

作　者：马斐

定　价：32.00 元

出版社：中国物资出版社

《口碑载道：无本万利的营销方式》内容简介

对于所有企业的市场营销人员或是管理者来说，关注品牌形象和品牌发展，不如先好好了解一下如何做好口碑，这里面的门道究竟几何。本书从各大品牌口碑营销的经典案例着手，透析各家口碑营销之道，从中总结经验和技巧，提示企业市场营销人员及管理者，口碑营销是一门科学，必须认真学习和把握。

QIYE CHENGZHANGLI SHUJIA

企业成长力书架

助力企业成长

中国财富出版社
北京联大文化 联合出品

作　者： 张野　　**定　价：** 32.00 元

出版社： 中国物资出版社

《成交无限》内容简介

销售员在与客户沟通的过程中，80% 的客户或多或少会感到一些反感，这些反感有时会以某种形式表现出来，有时也会隐藏在客户的心里，成为与客户沟通过程中的最大屏障。那么，是什么原因引起的这种情况呢？面对这种情况该怎么处理呢？相信这本书的 55 个技巧对于需要与客户沟通的人将会非常有用，它对于我们与客户将是一个全新的桥梁。

作　者： 姜登波　李华

定　价： 32.00 元

出版社： 中国物资出版社

《赢在管理》内容简介

本书通过对企业管理深入地剖析、分解，找出企业管理误区，并针对企业管理容易疏漏的地方进行填补，是每个企业管理人员手中的指南针，能够帮助迷途创业的人员找到扎营的地点。书内所阐述的问题新锐、真实，解决方法快速、简便，是现代企业领导者所不能缺少的良师益友，能够教导企业领导者如何做“泥菩萨过河，有招可取”的智人。

作　者： 文征

定　价： 28.00 元

出版社： 中国物资出版社

《做世界上最优秀的员工》内容简介

世界 500 强企业集聚了世界上最优秀的人才。你想成为世界 500 强企业中的一员吗？你想知道世界 500 强企业最欢迎什么样的员工吗？你想知道为什么有的员工能够进入世界 500 强企业，甚至会经常受到众多世界 500 强企业的高薪聘请吗？那么，请看本书为您提供的这 7 种工作习惯，它将为您搭建登上世界 500 强这一豪华巨轮的台阶。

作　者： 邹金宏

定　价： 32.00 元

出版社： 中国物资出版社

《麦当劳成功的启示》内容简介

麦当劳是世界 500 强企业之一，有超过一百万的员工，已经在全球 121 个国家设有超过 31000 家快餐店。麦当劳是一个企业，也是一个王国，一个跨区域的王国。是什么原因让麦当劳如此庞大？如此成功？如此奇迹？它到底运用了什么方法？ 本书通过最真实的笔触，为你提供很多麦当劳成功的智慧和秘诀，使你从中获得有益的知识、借鉴和启发。